Das Buch

Kann man das schaffen? Ohne einen Cent in der Tasche von Berlin bis in die Antarktis reisen? Michael Wigge hat es erprobt: zum Nachmachen nur für Abenteurer mit sehr viel Humor empfohlen – aber zum Nachlesen ein Riesenspaß für jeden.

Am Anfang sieht es nach einem Kinderspiel aus: In Belgien wird er auf dem Schiff, das ihn nach Kanada bringen soll, freundlich begrüßt und in eine Luxuskabine geführt – bis sich rausstellt, dass er kein zahlender Passagier ist. Ab da heißt es Schiffsgeländer streichen, Container inspizieren, Dosen zählen. Und Karaoke singen mit den Filipinos an Bord.

Über Montreal gelangt er in die USA. Dort übernachtet er in einem Amish-Dorf (in einer Scheune) und bekommt eine Bibel geschenkt – und ein Fahrrad. Damit durchquert er Ohio, bis er es schließlich gegen ein Busticket nach New Mexico eintauschen kann. In einem uralten Mustang fährt er über die Route 66 nach Las Vegas, wo er in einem Hotel übernachten kann. Aber nach einer Woche geht es weiter: nach Los Angeles und San Francisco (dann kommt ein unvorhergesehener, aber nicht unwillkommener Schlenker nach Hawaii dazu), Mittelamerika und den ganzen südamerikanischen Kontinent bis in die Antarktis. Dabei bleibt ihm wenig erspart, denn jeden Tag muss er auf fremde Leute zugehen, um etwas zu essen und zu trinken und um einen Platz zum Schlafen zu bekommen.

Der Autor

Michael Wigge, geboren 1976, studierte Film in London. Von dort aus moderierte er 2002 die VIVAPlus-Sendung »London Calling«. Seither berichtet er aus aller Welt, unter anderem für VIVA aus der Justizvollzugsanstalt in Köln, für die ARD aus Spanien, für *GEO* aus Kanada und für die Deutsche Welle aus Heidelberg. Michael Wigge lebt heute in Berlin, ist aber meistens unterwegs. Für seine unterhaltsamen Reportagen wurde er mehrfach ausgezeichnet.

Ohne Geld
Michael Wigge
bis ans Ende der Welt

Eine Abenteuerreise

Kiepenheuer & Witsch

Verlag Kiepenheuer & Witsch, FSC®-N001512

11. Auflage 2014

© 2010 by Verlag Kiepenheuer & Witsch GmbH & Co. KG, Köln
Alle Rechte vorbehalten. Kein Teil des Werkes darf in irgendeiner
Form (durch Fotografie, Mikrofilm oder ein anderes Verfahren)
ohne schriftliche Genehmigung des Verlages reproduziert oder
unter Verwendung elektronischer Systeme verarbeitet, vervielfältigt
oder verbreitet werden.
Umschlaggestaltung: Barbara Thoben, Köln
Umschlagmotiv: © privat
Logo lizenziert durch ZDF Enterprises GmbH
© ZDF 2010 – Alle Rechte vorbehalten
Alle Fotos im Bildteil: © Michael Wigge
Redaktionelle Mitarbeit: Stephan Herschung
Autor: www.michaelwigge.de
Kontakt: www.hpr.de
Gesetzt aus der ITC Galliard und der Franklin Gothic
Satz: Buch-Werkstatt GmbH, Bad Aibling
Druck und Bindung: CPI books GmbH, Leck
ISBN 978-3-462-04181-1

Inhalt

1 **Alles ist anders**
   Berlin–Antwerpen 9

2 **»Hello, Mr. Wigge«**
   Antwerpen–Montreal 20

3 **Cookies in Canada**
   Montreal–Niagara 26

4 **»Go West, young Man«**
   Cleveland–Ohio 38

5 **Weltreise in Amerika**
   Albuquerque 52

6 **Keine Geschenke im Wilden Westen**
   Las Vegas 60

7 **Everybody has a Dream**
   Los Angeles 74

8 **Kissenschlachten für Fortgeschrittene**
   San Francisco 81

9 **Trouble in Paradise**
Hawaii 94

10 **Auf der Flucht vor Dr. Glück**
Costa Rica–Panama 118

11 **Katarinas Katamaran**
Kolumbien 129

12 **Mein Leben als Peruaner**
Peru–Bolivien 137

13 **Ein Königreich für ein Meerschweinchen**
Bolivien 156

14 **Der Mann ohne Gesicht**
Chile 162

15 **Sex and Drugs and Krümelmonster**
Buenos Aires–Feuerland 168

16 **Das Ende der Welt**
Antarktis 181

1

Alles ist anders
Berlin–Antwerpen

Es ist der 21. Juni, der längste Tag des Jahres. Das sagt nicht nur der Kalender, ich spüre es am eigenen Körper. Seit über drei Stunden stehe ich an einer Autobahnauffahrt und versuche, weiter in Richtung Köln zu kommen. In fünf Monaten will ich es ohne einen Cent in der Tasche von hier bis in die Antarktis geschafft haben. Bei 35 000 Kilometern zurückzulegender Distanz finde ich »Ende der Welt« einen passenden Namen für mein Ziel. Aus meinem Bekanntenkreis gab es die unterschiedlichsten Rückmeldungen bezüglich meines Trips. Die Meinungen reichten von »Cool!« (bester Kumpel), über »Apropos ohne Geld. Wie sieht es denn eigentlich mit Ihrem Dispo aus, Herr Wigge?« (Kundenberater meiner Bank) bis hin zu »Hmmm. Wenn du runtergehst, nimmste bitte den Müll mit!« (Mitbewohnerin). Aber auch damit lebe ich gut. Zumindest dachte ich das bis heute.

Der 21. Juni ist auch der heißeste Tag des Jahres, zumindest kommt es mir so vor. Die Hitze lässt mich zusätzlich zu der Ausrüstung auf meinem Rücken noch mehr schwitzen. Aber nicht nur die Sonne lacht. Mein Pappschild mit der Aufschrift »Ende der Welt« lässt jedem der vorbeifahrenden Autofahrer ein Lächeln über das Gesicht huschen. Ob es freundlich, mitleidig oder hämisch gemeint ist, ich weiß es nicht. Es ist mir auch egal. Mein Gehirn käst unter der Sonnenhitze, und ich bin mit meinen Gedanken bereits in der weitaus kühleren Antarktis. Irgendwann rauscht das 2420. Auto an mir vorbei. Ich habe nachgezählt, dass jede Minute circa elf Autos an mir vorbeifahren. Macht bei 220 Minuten 2420 Autos. Glaubt man dem »Lonely Planet«-Reiseführer, gilt Deutschland als »tramperfreundliches« Land. Ein Druckfehler, da bin ich mir sicher.

Gerade als ich mit dem Gedanken spiele, mich an die entgegengesetzte Auffahrt zu stellen und wieder zurückzutrampen, hält ein roter Kastenwagen. Das Fahrerfenster kurbelt sich herunter, und eine männliche Stimme raunzt mir entgegen: »Willste mit, oder wat?«

Nun sitze ich also auf dem Rücksitz von Arndt und Marius, die gerade von einem Parteitag der Linken aus Berlin kommen. Nichts kann mich jetzt auf meinem Weg nach Köln noch aufhalten. Fast nichts: Meine Blase drückt, und ich muss aufs Klo. Als Marius an einem Rastplatz hält, renne ich so schnell ich kann zur Herrentoilette, werde aber kurz vor dem Ziel erbarmungslos ausgebremst. Der Zugang wird von einem Drehkreuz versperrt, und das lässt sich nur mit 50 Cent überwinden. Vor der Reise habe ich mir alle Szenarien überlegt, wie ich umsonst esse, schlafe und reise, aber nicht, wie ich kostenlos pinkeln kann. Eigentlich sollte so etwas doch kostenlos sein. Ich entdecke eine Klofrau und versuche, mit meinem Charme ans Ziel zu kommen. »Verzeihen Sie, ich müsste sehr dringend Ihre Toilette benutzen. Leider habe ich überhaupt kein Geld«, lege ich mein Schicksal in ihre Hände. »Dann geh arbeiten!«, sagt sie ungerührt. »Bitte. Es ist ein Notfall!«, versuche ich es noch einmal, aber sie beharrt auf ihrem Standpunkt. Nichts zu machen. Also bleibt nur die Notlösung.

Sehr erleichtert gehe ich aus dem angrenzenden Gebüsch der Raststätte zurück zu Marius und Arndt. Als ich ihnen von meinem Erlebnis erzähle, fühlen sie sich in ihrem Klassenkampf bestätigt. »So etwas gäbe es im Sozialismus nicht!«, wettert Marius. Vielleicht hat er recht, denke ich. Vielleicht ist nicht alles schlecht im Sozialismus.

Endlich kommen wir in Köln an. Die Stadt, in der ich sechs Jahre gelebt und gearbeitet habe, ist die erste Station auf meiner Reise. Von hier aus geht es weiter nach Belgien, von wo mich ein Containerschiff über den Atlantik nach Kanada bringen wird. Da das Schiff erst in fünf Tagen in See stechen wird, kann ich den Zwischenstopp nutzen, um ein paar alte Freunde zu besuchen. Nicht ganz ohne Hintergedanken, denn auf diese Weise kann ich die nächsten Nächte umsonst übernachten. Hardy wohnt mit seiner Freundin in einem Schrebergartenhaus an der Stadtgrenze. Als ich bei ihm an der Wohnungstür klingele, freut er sich, mich wiederzusehen, und bietet mir sein Sofa als Übernachtungsmöglichkeit an.

Alles ist anders

Während ich ihm von den Ereignissen meines ersten Tages erzähle, wird meine Stimme von meinem Bauch übertönt. Reisen bildet, macht aber auch hungrig. Leider ist Hardy nicht auf meinen Überraschungsbesuch vorbereitet, sein Kühlschrank ist leer. Gemeinsam überlegen wir, wo wir um diese Zeit noch etwas Essbares auftreiben können. Natürlich gibt es in Köln Supermärkte, die auch abends noch geöffnet haben. Das wäre die einfachste Lösung, aber da ich mich ohne Geld durchschlage und Hardys Gastfreundschaft nicht überstrapazieren will, habe ich eine andere Idee: »Dumpster Diving«, ein Trend, der aus den USA nach Deutschland gekommen ist. Dabei geht es darum, die Müllcontainer von Supermärkten nach Lebensmitteln zu durchsuchen, die nicht mehr verkauft werden können, weil das Verfallsdatum abgelaufen ist oder sie nicht mehr gut aussehen. Ich fahre mit der S-Bahn in die Innenstadt. Kostenlos, aber nicht schwarz. Wie in vielen Städten bieten auch die Kölner Verkehrsbetriebe Studenten oder Besitzern eines Jobtickets die Möglichkeit, öffentliche »Fahrgemeinschaften« zu gründen und andere Leute umsonst mit ihrem Monatsticket mitzunehmen. Allerdings erst nach 19 Uhr, also zu einer Zeit, in der die meisten Geschäfte der Stadt schließen. Genau die richtige Zeit für meinen geplanten »Einkaufsbummel«.

Ich mache mich auf den Weg zu einem großen Supermarkt in der Nähe des Stadtgartens und will herausfinden, ob »Dumpster Diving« auch in Köln möglich ist. Wie ein Einbrecher schleiche ich mich, bewaffnet mit einer Taschenlampe, um das Gebäude und stehe vor dem verschlossenen Tor des Hofes. Von hier kann ich die Müllcontainer bereits sehen, und angefeuert durch meinen knurrenden Magen, schaffe ich es tatsächlich, über das zwei Meter hohe Hindernis zu klettern. Ich leuchte in den ersten Container und erschrecke mich zu Tode. In dem Licht meiner Taschenlampe entdecke ich das Gesicht eines Mannes, der offenbar auch nach Essbarem sucht. »Hey, hinten anstellen!«, schnauzt er mich an. Peter, so sein Name, studiert in Köln Sozialarbeit. Seit Jahren besorgt er sich auf diese Art seine Lebensmittel, nicht aus Geldknappheit, sondern aus ideologischer Ablehnung des Konsums.

»›Freeganism‹ ist entstanden aus ›free‹ wie umsonst und ›Veganism‹ wie Veganer«, erklärt Peter. »In Köln gibt es eine richtige Freeganer-Szene. Wir treffen uns regelmäßig und kochen zusammen.« Im Monat kommt er mit 200 Euro aus. Die braucht er hauptsächlich für Versicherungen. Essen holt er sich aus Containern und er lebt in einem Bauwagen. Als sein Rucksack voll ist, überlässt Peter mir den Container. Während ich Joghurt, Wurst, Brot, Käse, Milch und Gummibärchen in meine Tasche packe, erfahre ich von Peter, dass das »Containern« im Gegensatz zu anderen Ländern in Deutschland illegal ist. »In Deutschland hat sogar Müll einen Besitzer. Und rechtlich ist das, was wir hier machen, Diebstahl.« Tatsächlich wurde vor ein paar Jahren eine Frau in Köln zu Sozialarbeit verurteilt, weil sie sich aus einem Supermarktcontainer mit Joghurts versorgt hatte. Peter und ich haben in dieser Nacht Glück: Wir werden nicht erwischt, und unsere Ausbeute ist groß. Und auch Hardy staunt nicht schlecht, als ich ihn mit zwei Plastiktüten voller Essen überrasche.

Am nächsten Tag stelle ich mich in die Kölner Fußgängerzone mit einem Schild »Butler gegen Zugticket«. Schließlich gibt es ja auch noch eine Zeit nach meinem Kölnaufenthalt. Um mein Angebot für die Passanten reizvoll zu machen, habe ich mich als original englischer Butler gekleidet: Fliege, weißes Hemd mit Stehkragen, Weste, schwarze Hose und weiße Handschuhe – alles habe ich vor meiner Abreise in einem Berliner Secondhandladen für gerade mal 15 Euro erstanden.

Die Passanten grinsen nur müde. Dem Kölner Humor hätte ich da schon etwas mehr zugetraut, aber wahrscheinlich sind die Bürger der Medienstadt angesichts unzähliger Aktionen mit versteckten Kameras und lustigen Reportern nicht mehr so leicht zu überraschen.

Nach der ersten erfolglosen Stunde spreche ich Passanten direkt an. »Ein Zugticket nach Belgien gegen den besten Butler der Welt!«, sage ich selbstbewusst zu einer älteren Kölnerin. »Heut ist kein Karneval, Jung!«, erwidert sie und geht unbeeindruckt weiter. So vergehen noch mehrere peinliche Konfrontationen zwischen Butler und Passanten, bis ich Harald anspreche. Er ist 49, braun gebrannt und trägt ein weißes, schulterfreies Netzhemd, das in die Hose gesteckt ist. Dazu trägt er Schlangenlederstiefel. Sein leicht lichtes Haar ist lang und blond und wird teilweise durch ein Stirnband verdeckt. Meine Idee findet er super, für den Rest des Tages bucht er mich als seinen persönlichen Butler. Als wir bei ihm ankommen, fällt mein Blick als Erstes auf einen roten Ferrari, der vor seinem Haus steht – oder sagen wir besser: vor dem Anwesen. Harald erzählt mir, dass er den Wagen in den Neunzigern für 400 000 DM gekauft habe. Ich bin kein Autofreak, aber ein echter Ferrari beeindruckt mich doch. Dann drückt mir Harald Schwamm und Lappen in die Hand, damit ich »das Ding mal wieder so richtig auf Zack« bringe. Als ich den Putzlappen an die Felge drücke, um sie wieder zum Glänzen zu bringen, bekommt Harald die Krise. »Es gibt Ferraris, die wurden schon kaputt geputzt, mach es vorsichtig und nie zu lange auf einer Stelle«, lernt er mich an. Hoffentlich werde ich hier nicht noch auf mehrere Hunderttausend Euro verklagt, denke ich mir. Ein Butlerleben ist vielleicht doch ein unkalkulierbares Risiko.

Zwei Stunden später führt mich Harald in seine Garage, die einen abgetrennten Teil eines öffentlichen Parkhauses ausmacht. Darin stehen weitere glänzend rote Lamborghinis, Corvettes, Cadillacs und viele andere Traumautos. Träume ich, oder bin ich bei der russischen Mafia gelandet?, frage ich mich still. Harald fährt ein Cadillac Cabrio aus den Siebzigern heraus, das sicher fünf Meter lang ist. Ich chauffiere Harald damit durch die Kölner Innenstadt. Kurven sind mit dem Ding jedes Mal eine besondere Herausforderung.

Aber trotz aller Schwierigkeiten parke ich Haralds Cadillac erfolgreich ein, und wir dinieren in einem schicken Restaurant. Besser gesagt, er diniert und ich schenke ihm den Wein nach. Immer wieder kommen Frauen zu unserem Tisch, denen man ein bewegtes Leben an den Gesichtern ansehen kann. Sie würden Harald am liebsten die Schlangenlederstiefel küssen. Durch mich schauen sie hindurch. So vergeht der Tag als Butler ziemlich amüsant, aber leider erfahre ich auch nicht richtig, wie Harald so reich geworden ist. Er sagt, dass er kein Geld habe, sondern nur von Wertgegenständen lebe. Das habe ich an den zwanzig Sportwagen in der Tiefgarage eindrucksvoll gesehen. Am Ende des Tages lädt mich Harald für die folgende Woche nach Marbella in Spanien ein, wo ich mich gleich ins gemachte Nest setzen könne, sagt er. So neugierig mich diese Aussage macht, so sehr drängt doch die Zeit: Ich verabschiede mich und bekomme 55 Euro für meinen Butlerdienst.

Das reicht genau für eine Fahrkarte nach Antwerpen. Die Suche nach einer kostenlosen Überfahrt hat lange gedauert, da das EU-Recht solche Matrosenromantik verbietet. Zum Schluss hatte ich Glück. Peter Döhle, dessen Reederei Touristen die Möglichkeit bietet, auf Containerschiffen mitzufahren, fand mein Projekt ziemlich spannend; deshalb darf ich kostenlos mitfahren.

Im Zug nach Belgien kaufe ich mir kein Ticket, sondern verstecke mich lieber auf der Toilette. Ich sehe schon vor mir, wie ich in Antwerpen triumphal mit 55 Euro aus dem Zug steige. »Dafür kann ich erst mal richtig einen draufmachen«, denke ich mir. Aber da klopft es bereits energisch an die Toilettentür, und ich muss beim Schaffner nachzahlen. Er schlägt zum normalen Tarif noch eine Sonderstrafgebühr drauf, und so komme ich nur nach Brüssel und habe lediglich einen Euro übrig. Alles lief so gut, aber ich wollte mal wieder schlauer als schlau sein, und deshalb stehe ich bei über 30 Grad in Brüssel herum und habe erst mal keine Idee, wie ich die letzte Strecke nach Antwerpen zurücklegen soll. Der Rucksack drückt immer schwerer auf meinen Schultern.

Mir fällt nur eine Lösung ein: Ich nehme den nächsten Zug nach Antwerpen und wende den Toten-Winkel-Trick an. Ich gehe sofort in das letzte Abteil, das gerade mal drei mal vier Meter groß ist und nur sechs Klappsitze hat. In den meisten Bummelzügen werden dort Fahrräder abgestellt. Meinen Rucksack stelle ich in die linke Ecke in Richtung der anderen Abteile hin. Ich selbst stelle mich in die rechte Ecke, wiederum in Richtung der anderen Abteile. In der Regel werfen die Schaffner nur einen kurzen Blick durch das Glasfenster der Tür und machen sich nicht die Mühe, auch den toten Winkel zu kontrollieren.

Ich verbringe die Fahrt angespannt in der rechten Ecke, bis plötzlich doch die Tür aufgeht. »Jetzt bin ich dran«, denke ich erschrocken. Aber durch die Tür kommt nur die Servicekraft mit dem Kaffeewagen. Der junge Kaffeeausschenker sieht mich dicht gedrängt in der rechten Ecke stehen. Wir schauen uns wortlos mehrere Sekunden an, dann tue ich so, als ob ich einfach nur so dastehe, und schaue aus dem Fenster. Der Junge mit dem Kaffeewagen macht sich in der anderen Ecke des Miniabteils eine Limonade auf und schaut immer wieder zu mir herüber. Er weiß genau, was gespielt wird. Nach einigen Minuten schiebt er den Kaffeewagen wieder aus dem Abteil heraus und kann sich ein Grinsen kaum verkneifen. Als ich in Antwerpen ankomme, fühle ich mich durch die fast einstündige Anspannung ziemlich erschöpft, bin aber überglücklich über meinen Erfolg.

Jetzt brauche ich unbedingt wieder etwas zu essen und nutze die Zeit für einen Versuch. Wenn ich in fünf Geschäften nach kostenlosen Lebensmitteln frage, weil ich ohne Geld ans Ende der Welt reisen möchte, wie viele werden mir etwas geben? Als Erstes gehe ich in ein nettes Café, das von einem jungen Typen geführt wird. Er findet meine Reise klasse und schenkt mir einen Kaffee und einen Muffin. Die lateinamerikanische Musik im Hintergrund lässt meine Vorfreude auf die Reise durch den amerikanischen Kontinent steigen. Als Nächstes gehe ich in ein Hotel und fülle meine Trinkflasche mit zwei Litern Leitungswasser auf. Die Verkäuferin des Fischgeschäfts lehnt meine Anfrage ab, da der Chef entscheiden müsse. Die Angestellten der Bäckerei nebenan überschlagen sich aber regelrecht: Pizzastücke, Brötchen, Brot und süße Teilchen fliegen mir nur so zu. Alle drei haben einen riesigen Spaß, als sie überlegen, wer von ihnen dafür nun mit mir reisen dürfe. Als Letztes bekomme ich beim Obststand noch zwei Äpfel gratis. Vier von fünf Fragen wurden positiv beantwortet, das lässt doch hoffen.

2

»Hello, Mr. Wigge«
Antwerpen–Montreal

Der Antwerpener Hafen ist 25 Kilometer lang und zu Fuß ziemlich schwer zu erkunden. Überall fahren LKW, und unzählige Ladekräne be- und entladen ununterbrochen die riesigen Containerschiffe, die aus der ganzen Welt hier vor Anker liegen. Alles muss schnell gehen, es gilt, keine Zeit zu verlieren. Endlich finde ich mein Schiff, und in mir kommen Abenteuergefühle auf. Die »MS Valentina« hat eine Länge von 178 Metern und ist mit 1800 Containern beladen, was ungefähr 86 400 Kubikmetern oder 86 Millionen Liter Bier oder 365 Millionen Tassen Kaffee oder 7,1 Milliarden Löffeln Zucker entspricht. Ich komme mir ziemlich klein vor.

Beim Betreten des Schiffs werde ich von einem philippinischen Steward, der sich später als Julius vorstellt, höflich mit »Hello, Mr. Wigge« empfangen. Zu meiner Verwunderung besteht er darauf, meinen Rucksack zu tragen, obwohl dieser wohl schwerer und fast größer als er selbst ist.

Er zeigt mir meine Kajüte: Für die nächsten zwölf Tage bekomme ich eine komfortable Schlafkabine, dazu einen kleinen privaten Freizeitraum mit Stereoanlage, Satellitenfernsehen mit über unglaublichen 900 Programmen und Minibar. Er sagt, dass ich ihn bei Wünschen immer über die Schiffstelefonanlage unter der 148 erreichen könne, und verabschiedet sich höflich. Ich setze mich auf mein Bett und freue mich auf die Reise: So viel Luxus habe ich nicht erwartet. Als ich mir das Schiff anschaue, begegne ich Julius wieder. Er verweist darauf, dass ich immer um acht, zwölf und 17 Uhr speisen könne, ein Verspäten andererseits unproblematisch sei. Neben dem Speiseraum finde ich einen Fitnessraum und darüber das Schiffskino mit unzähligen DVDs. Julius erklärt mir alle technischen Details, bis schließlich das Stichwort zur Auflösung dieses Traums fällt: »Our passengers should be happy!« Die haben mich hier als Tourist und nicht als Arbeitskraft eingebucht, so wie es telefonisch besprochen war, erkenne ich plötzlich. Aber kleine Kommunikationsfehler erleichtern einem manches Mal das Leben. So beginnt meine Reise über den Atlantik äußerst entspannt: reichhaltig speisen, dann Fitness, Nachrichten von BBC, Russia Today, France 24, Deutsche Welle und Al Jazeera miteinander vergleichen, die sich in ihrer Haltung und Meinung deutlich voneinander unterscheiden. Dann heißt es DVDs für die nächsten zwölf Tage auswählen: »Casino«, um mich auf Las Vegas vorzubereiten, »Zurück in die Zukunft«, um Kindheitserinnerungen wieder aufzufrischen, »Herr der Ringe Teil 1–3«, damit ich nicht der Einzige bin, der diese Trilogie nicht gesehen hat, und weitere Klassiker mit Joe

Pesci und Al Pacino. Als ich gerade noch »Das Interview« mit Steve Buscemi nehmen will, spricht mich Herr Kamrad, der deutsche Kapitän, an. »Herr Wigge, ich habe gerade gehört, dass wir noch eine zusätzliche Arbeitskraft an Bord haben!« Mir fährt ein Blitz durch den Körper, ich tue aber so, als wäre nichts: »Klar, was kann ich tun?«

So geht die Überfahrt nach Montreal für mich als richtiger Seemann weiter, der morgens um sechs Uhr aufsteht, sich seine Schutzkleidung anzieht und wehmütig den Stapel mit 35 DVDs in seiner Kabine zurücklässt. Am Montag streiche ich mit Ramir die Geländer des Schiffs, während fünf Meter hohe Wellen neben uns hochschlagen, am Dienstag helfe ich bei der Inventur aller Lebensmittel, und am Mittwoch überprüfe ich mit Viktor die Kühlanlagen der Container. Die 1800 Container sind fünf- bis siebenfach übereinandergestapelt, sodass wir uns teilweise fast 20 Meter über dem Deck befinden und in tiefe Containerschluchten hinunterschauen. Am Donnerstag bin ich mit dem Kapitän auf der Brücke und am Freitag beim Chefingenieur im Maschinenraum. Dort stehen verschiedene Arbeiten an der imposanten Hauptmaschine an, die 23 000 PS hat (so viel wie 50 Ferraris von Harald) und 1600 Liter Öl zum Schmieren braucht. Für mich ist es schon ein Erfolgserlebnis, an meinem Auto das Öl nachzufüllen, aber der erfolgreiche Ölwechsel der Hauptmaschine der »MS Valentina« kommt einem indisch-tantrischen Orgasmus gleich, so weit ich ihn mir vorstellen kann. Ich darf zwar den Ölwechsel nur an einer der Seitenmaschinen machen, aber das Prozedere ist das gleiche: Kappen, Filter und Deckel abschrauben, alles so geordnet hinlegen, dass ich sie auch wieder zusammenschrauben kann, Hitzevorschriften beachten, damit es zu keinen Verbrennungen kommt, verschiedenste Sicherungen vor dem Filter entfernen, den Filter von mehreren Halterungen entfernen, wiederum alle Schrauben geordnet hinlegen, damit ich sie in richtiger Reihenfolge wieder einsetze, dann den 20er-Imbusschlüssel von Ölklumpen befreien und irgendwann den Ölfilter durch ein Labyrinth von Vorrichtungen herausnehmen. Öl ablaufen lassen, neues Öl rein und alles wieder zusammenbauen. Fertig.

Während der zwölf Tage auf See fällt mir auf, dass die 20-köpfige Besatzung, die aus Kapitän, Offizieren, Ingenieuren, Koch, Hilfsarbeitern und dem Steward besteht, einen streng reglementierten Tagesablauf hat. Jeder weiß, was er machen muss, fast alles läuft ohne Worte ab. Die Mannschaft ist sehr höflich zueinander. Stress oder Streit gibt es eigentlich nie, und nach Arbeitsschluss zieht sich jeder in seine Kabine zurück.

Meine Vorstellungen von der christlichen Seefahrt waren da ziemlich anders. Seit dem Telefonat mit der Reederei Peter Döhle gingen mir Bilder von zwei Meter großen, tätowierten russischen Matrosen durch den Kopf, die in dunklen und stickigen Großraumkabinen unter Deck hausen und bei viel Wodka Karten spielen.

Als ich bei der Reederei wegen der Reise angerufen habe, habe ich sogar gesagt, dass ich gerne mit den Matrosen unter Deck übernachten würde. Herr Döhle dachte bestimmt, dass Fernsehreporter einen Hang zum Übertreiben haben, und beließ mein Angebot unkommentiert. Vor der Abfahrt habe ich mich gefragt, wie die Seemänner wohl reagierten, wenn sie mir Wodka anböten und erführen, dass ich keinen Schnaps trinke. Hier sehe ich nun, dass überhaupt kein Alkohol getrunken wird. Mit einer Ausnahme. Am Samstagabend organisiert der Schiffskoch Capriano ein Grillfest: Steaks, Hähnchenschenkel und Rippchen füllen den Tisch des Essensraums. Ich sitze mit dem Kapitän und den Offizieren zusammen. Wir reden über die Schiffsentführungen vor der somalischen Küste. Ich schmeiße mein gesamtes auslandsjournalistisches Halbwissen mit in die Diskussion, um in der Runde Anerkennung zu finden. Sie lächeln nachsichtig.

Plötzlich ertönt aus der Stereoanlage hinter mir »Lambang Layassayh, Lamam Hanang«. Ich drehe mich erschrocken um und sehe, wie mein Matrosenkollege Ramir lautstark und in eigenwilliger Tonlage ein philippinisches Liebeslied in die Karaokemaschine singt. Dazu läuft eine Videoschleife von westlichen Bikinischönheiten der Achtzigerjahre, die sich am Strand von Malibu räkeln. Der Kapitän grinst nur und sagt, dass elf der 20 Seeleute von den Philippinen kämen und philippinisches Liebesliedkaraoke ihre größte Leidenschaft sei. Die Stimmung ist gut. Mir gehen die Bilder der letzten Tage durch den Kopf, zum Beispiel, wie Ramir zehn Stunden täglich das Schiffsgeländer streicht. Die größte Abwechslung dabei ist wohl, dass er hin und wieder von einer der fünf Meter hohen Wellen erfasst wird, die über das Deck schießen. Er hat mir erzählt, dass sein Vertrag immer sechs oder acht Monate am Stück laufe und er solange auch von seiner Familie getrennt sei. In diesen sechs bis acht Monaten heißt es sechseinhalb Tage pro Woche arbeiten, nur sonntags ist der halbe Tag frei. Abwechslung gibt es nur samstags beim Karaoke oder bei einem der seltenen Landgänge. Viktor aus der Ukraine hat mir im Maschinenraum verraten, dass das Tollste an seinem Job sei, dass jeder Tag bei seiner Familie wie Urlaub sei und er mit seiner Frau noch keinen Tag Routine oder Stress erlebt habe. Ich nicke nachdenklich, werde aber schnell aus meinen Gedanken zurückgeholt. Auf der Karaokemaschine läuft »The Time of my Life« aus »Dirty Dancing«. Schnell stehe ich auf und schnappe mir das Mikrofon.

3

Cookies in Canada
Montreal–Niagara

Im Hafen von Montreal habe ich nach zwölf Tagen zum ersten Mal wieder festen Boden unter den Füßen. Von den Amerikanern wird Kanada als »Land of the Free« bezeichnet. Wohl etwas neidisch blicken viele Bürger aus den benachbarten USA auf die Rechte, die die Kanadier besitzen. Es gibt eine gesetzliche Krankenversicherung, die gleichgeschlechtliche Ehe ist erlaubt, das Recht auf Abtreibung ist nicht umstritten. Die Armuts- und Kriminalitätsquoten sind niedrig, die Todesstrafe ist abgeschafft. Alles Errungenschaften, auf die die kanadische Bevölkerung zu Recht stolz ist.

In der Stadt treffe ich Raphaelle und Jessie, bei denen ich in den folgenden Tagen kostenlos übernachten kann. Möglich macht es www.couchsurfing.com, eine Community ähnlich wie MySpace oder Facebook. Auf der Internetseite geht es aber nicht um Kontaktpflege oder virtuelles Kühemelken, sondern man bietet Reisenden sein Sofa zum kostenlosen Übernachten an. Das Ganze läuft so, dass jeder ein Profil mit Beschreibung seiner Person einstellt. Dazu zeigt man Fotos seiner Wohnung und wird von anderen Leuten bewertet, die schon mal bei einem kostenlos übernachtet haben oder bei denen man selbst mal Gast war.

Ich habe vor meiner Reise auch schon Couchsurfer bei mir aufgenommen. Es waren sehr nette und spannende Menschen aus aller Welt. Mal der Gitarrenhippie aus Schweden, dann das Weltreisepärchen aus Kalifornien oder auch kürzlich der Praktikant aus dem Senegal, der sich freute, bei mir zu wohnen, weil er mich aus dem Fernsehen kannte. Meine Reportageserie »Die Wahrheit über Deutschland« läuft auf der Deutschen Welle, deren Fernsehprogramm in 160 Ländern ausgestrahlt wird. Ken hatte meine Serie genutzt, um sein Deutsch zu verbessern. 50 der 65 Folgen kannte er mehr oder weniger auswendig. Ich habe auch selbst bei einigen Couchsurfern übernachtet, meist auf Reisen für die Deutsche Welle. Warum immer in langweiligen Hotels abhängen, wenn man bei lustigen Leuten übernachten kann und sich obendrein die Übernachtungskosten spart?

Interessant an Couchsurfing ist, dass man bei anderen übernachten kann, ohne dass man verpflichtet ist, selbst Gastgeber zu werden. Um von unterwegs mit den jeweiligen Gastgebern Kontakt aufnehmen zu können, habe ich mein kleines Netbook im Gepäck. Über die eingebaute Wi-Fi-Hardware kann ich mich in Stadtzentren problemlos in offene Netze einloggen und so kostenlos im Internet surfen. Schon einige Male habe ich das Netbook verflucht, besonders wenn ich es in meinem Rucksack herumgetragen habe. Aber der Besuch eines Internetcafés würde Geld kosten. Geld, das ich nicht habe. Deswegen nehme ich die zwei Kilo elektronischen Ballast gern in Kauf. Denn gerade auf dem amerikanischen Kontinent scheint die Anzahl der freien Netze unerschöpflich zu sein. Zumindest, wenn man den einschlägigen Internetseiten wie www.wififreespot.com glaubt.

So ziehe ich nun bei den beiden Mädels ein, die im Osten Montreals in einer Zweier-WG wohnen. Sie sind beide 29 und sehr gut aussehend. In ihrer hellen Wohnung, die sehr stylish und minimalistisch, aber trotzdem freundlich eingerichtet ist, haben schon viele Couchsurfer übernachtet. Da die beiden selbst nicht viel verreisen, freuen sie sich über jeden Gast. Das ist ihre Möglichkeit, Leute aus anderen Ländern kennenzulernen und Spaß zu haben.

Am ersten Abend sitzen wir zusammen an ihrem weißen Küchentisch und tauschen Reisegeschichten aus. Raphaelle, eine Designerin, die alle ihre Kleidungsstücke mit bunten Streifen verziert, ist begeistert von meinem Selbstversuch. Und auch Jessie, die als Kindergärtnerin arbeitet, will alles über meine bisherige Reise wissen. Ich fange an zu erzählen, aber schnell beginnt sich mein Magen lautstark in das Gespräch einzubringen. Raphaelle und Jessie hören es nicht. Oder wollen es nicht hören. Ich will auch nicht unhöflich sein und nach etwas zu essen fragen. Ich warte lieber darauf, dass die beiden mir etwas anbieten. Leider vergeblich. Die Mädels sind zu sehr von meinen Reisegeschichten fasziniert, und es kommt ihnen einfach nicht in den Sinn, dass sich ein Reisender ohne Geld auch nichts zu essen kaufen kann.

Irgendwann scheint Jessie das Knurren meines Magens nicht mehr überhören zu können. Sie stellt eine Schüssel mit Keksen auf den Tisch und bietet sie mir an. Die Kekse ähneln denen der Sandwichkette »Subway«, groß und rund: genau das Richtige, um meinen Hunger zu stillen. Gierig greife ich zu. Obwohl die Kekse sehr süß sind, schiebe ich schnell drei Stück hintereinander in den Mund. Raphaelle und Jessie schauen sich mit großen Augen an. War das zu unhöflich von mir? Nein, das war es nicht, wie mich Jessie aufklärt. »These are Space Cookies. You really shouldn't eat too many!« Space Cookies? Also Haschkekse? Erschrocken lege ich den vierten Keks, den ich gerade zu meinem Mund führen wollte, zurück. Extra für die Reise habe ich mir das Rauchen abgewöhnt. Auf Alkohol verzichte ich schon lange. Und jetzt das, denke ich, während sich ein wohliges Gefühl von meinem Magen ausgehend langsam durch den Körper ausbreitet. Während ich noch darüber nachdenke, ob ich auf meiner Reise einen kostenlosen Besuch in der Betty-Ford-Klinik einlegen könnte, klingelt es an der Haustür. Felix, ein guter Bekannter der beiden, kommt herein. Seine Rolle stellt sich als die des schwulen besten Freunds heraus. Er schneidet ihnen die Haare und berät sie bei der Auswahl der Kleider für den Abend. Heute scheinen seine Stylingtipps bei Jessie und Raphaelle nicht zu punkten. Statt zu dem vorgeschlagenen weißen Sommerkleid mit schwarzen Tupfen greift Jessie lieber zu etwas Schlichterem. Felix sieht das mit Freude, denn so kann er das Kleid selbst anziehen. Kurze Zeit später steht er im Kleid vor dem Spiegel und streckt stolz seinen Po heraus. Ich weiß nicht, ob es von den Space Cookies kommt oder ob die Situation wirklich so komisch ist, jedenfalls muss ich sehr lachen. Felix ist 1,90 Meter groß und hager. So sähe ich wohl aus, wenn ich mich in meine Pullis aus der Grundschule quetschen würde. Oder besser gesagt, in die meiner damaligen Klassenkameradinnen.

Kurze Zeit später klettern wir alle in Raphaelles Auto. Ich sitze hinten neben Felix, der immer noch das weiße Sommerkleid mit den schwarzen Tupfen trägt. Er grinst mich an, und ich muss wieder lachen. Jessie, Raphaelle und Felix verstehen nicht, warum, scheinen es aber auf die Space Cookies zurückzuführen. Wir fahren auf den 233 Meter hohen Mont Royal, den Hügel, dem die Stadt ihren Namen verdankt. Die Aussicht auf die Stadt ist von hier oben atemberaubend. Die Skyline ist unter dem nächtlichen Himmel hell erleuchtet, und neben dem modernen Stadtzentrum mit seinen Hochhäusern sieht man die Altstadt, die mit ihren Gassen und Häuschen eher an Paris als an Nordamerika erinnert. Raphaelle und Jessie erklären mir auf dem Aussichtsplateau, dass Montreal eine sprachlich geteilte Stadt sei. Raphaelle zeigt auf einen Stadtteil links neben der Altstadt, wo hauptsächlich Französisch gesprochen wird, und auf einen Stadtteil rechts neben der Altstadt, wo ausschließlich Englisch gesprochen wird. Das hat historische Gründe, wie Jessie mir erklärt. Die Stadt wurde im 17. Jahrhundert von französischen Einwanderern gegründet und wuchs schnell. Im Ringen um die Vorherrschaft in Nordamerika setzten sich aber schließlich die Engländer durch, und so fiel auch Kanada 1763 an London, obwohl es fast ausschließlich von französischen Siedlern bewohnt wurde.

Von 1844 bis 1849 war Montreal dann die Hauptstadt der britischen Kolonie. Dies brachte eine ganze Welle englischer Immigranten mit sich und führte deshalb zur Teilung in englisch- und französischsprachige Stadtteile. Amtsprache der Provinz Quebec ist jedoch nur Französisch. Deshalb sind Geschäfte verpflichtet, ihre Waren in französischer Sprache auszuzeichnen, alle Schilder sind in der Muttersprache Céline Dions abgefasst, und es gibt sogar eine »Sprachpolizei«, die die Einhaltung dieser Verordnungen überwacht. Die Quebecer fordern immer wieder ihre vollständige Unabhängigkeit von Kanada, so Raphaelle, die Englisch mit einem starken französischen Akzent spricht, weil sie sich von der kanadischen Regierung benachteiligt fühlen. Jessie dagegen kommt aus Ontario und findet die Unabhängigkeitswünsche ziemlich überflüssig und arrogant. Beim Eintauchen in diese gesellschaftliche Problematik erkenne ich, wie unterschiedlich die Haltungen beider Mädels zu diesem Thema sind, und wie schnell sich zwischen den beiden hierdurch Spannungen aufbauen. Trotzdem scheinen sie sich viel Mühe zu geben, als gutes Beispiel einer englisch-französischen Integrations-WG dazustehen.

Ich merke, dass die anderen genauso bekifft sind wie ich, da die Themen sprunghaft wechseln und wir über alles lachen, selbst über den ewigen Unabhängigkeitsdrang der Quebecer. Wir sprechen französisch, englisch und deutsch – quer durcheinander. Ein Glück, dass in dieser Nacht keine Streife der Sprachpolizei vorbeikommt.

Um mich die nächsten Tage nicht weiter von Space Cookies ernähren zu müssen, mache ich mich am nächsten Morgen auf, Lebensmittel zu besorgen. Nach meinen guten Erfahrungen mit dem »Dumpster Diving« in Köln will ich auch hier in Montreal versuchen, auf diese Weise etwas Nahrhaftes zu ergattern. Aber der Geruch und Anblick der Inhalte der jeweiligen »Auslagen« versauen mir regelrecht die Lust auf weiteres Suchen in den Containern. Ich beschließe, lieber wieder in Geschäften nach kostenlosen Lebensmitteln zu fragen. Die Ausbeute ist groß und meine Nahrungsversorgung für die nächsten Tage schnell gesichert. Aber es gibt ein anderes Problem: Wie soll ich ohne einen Cent Geld in der Tasche von Montreal weiterreisen? Die einzige Möglichkeit ist der Langstreckenbus, aber der kostet Geld. Viel Geld – das ich nicht habe.

Ich gehe frühmorgens mit einem Gefühl der Ungewissheit zum Busbahnhof, schließlich will ich nicht mittags wieder kleinlaut bei Raphaelle und Jessie vor der Tür stehen. Im Busterminal spreche ich die Managerin von Coach Canada an. Sie findet meine Geschichten ziemlich verwirrend, aber irgendwie auch amüsant. Was ich konkret von ihr wolle, fragt sie. »A free ticket to the Niagara Falls«, erwidere ich. Sie ist verwundert, aber keineswegs verärgert und erklärt mir, dass sie in den vergangenen elf Jahren, seitdem sie Managerin bei Coach Canada ist, noch keine Anfrage für eine kostenlose Reise bekommen habe. Sie führt mich zu ihrem Kollegen Bill, der mir umgehend ein Freiticket für die neunstündige Fahrt mit Umstieg in Toronto ausstellt. Danach schüttelt sie mir die Hand und wünscht mir alles Gute auf meiner Reise. Ich freue mich riesig und kann mein Glück immer noch kaum glauben, als ich abends in St. Catharines ankomme, einer kleinen Stadt an den Niagarafällen.

Ich schlafe zwei Nächte bei Nicole, die mich als Couchsurfer kostenlos bei sich aufnimmt. Sie ist Lehrerin, Anfang 30 und wohnt mit ihren beiden Katzen allein in einem Haus. Außer ihrem Buchclub, in dem sie sich einmal die Woche mit ihren Kolleginnen trifft, um sich über Literatur auszutauschen, scheint sie wenig Kontakt zu anderen Menschen zu haben. Für sie sind Couchsurfer eine willkommene Möglichkeit, mit anderen Menschen ins Gespräch zu kommen. Uns beiden fehlen leider die gemeinsamen Themen, und ich werde das Gefühl nicht los, dass die Stimmung irgendwie unlocker ist. Gleich am ersten Abend sitzen wir mehr oder weniger schweigend in ihrer Küche. Nicole bereitet uns etwas zu essen zu. Ich biete meine Hilfe beim Schnibbeln an, aber sie lehnt dankend ab. Als ich mich doch nicht davon abbringen lasse und einfach zum Küchenmesser greife, gibt sie nach. Schnell verzieht sie das Gesicht, denn offenbar schneide ich das Gemüse nicht richtig. Als hätte sie es geahnt! Ich werde unsicher, und als mir dann auch noch eine Möhre auf den Boden plumpst, reicht es Nicole: Freundlich, aber bestimmt bittet sie mich, im Wohnzimmer zu warten. Mein Angebot, ich könnte ja schon mal den Tisch decken, lehnt sie mit einem entsetzten Blick ab. Also setze ich mich in die gute Stube und spiele mit den beiden Katzen.

Beim Frühstück am nächsten Morgen schweigen wir uns weiter an. Plötzlich erwähnt Nicole den englischen Comedian Sacha Baron Cohen, der die Figuren Ali G, Borat und Brüno spielt. Ich bin erleichtert, dass wir ein gemeinsames Thema gefunden haben, und fange euphorisch an, Szenen aus dem Film nachzuerzählen »He's awesome, isn't he? A really funny guy! Have you seen his show …« Weiter komme ich nicht. Nicole unterbricht mich und erwidert, dass sie ihn respektlos findet. »I don't like him either«, gebe ich kleinlaut zurück.

Am Abend komme ich nach einem Streifzug durch St. Catharines zurück und zeige ihr stolz die Äpfel, Bananen, Kekse und Sandwiches, die ich in verschiedenen Geschäften kostenlos bekommen habe. Nicole steht dieser Art der Nahrungssuche eher skeptisch gegenüber und zeigt mir das auch durch ihren Gesichtsausdruck.

Trotz unserer Differenzen lädt mich Nicole am nächsten Tag zu einer Tour an die Niagarafälle ein. 1200 Meter sind sie breit und liegen zu zwei Dritteln in Kanada und zu einem in den USA. Wir können die unglaublichen Fälle aus nächster Nähe betrachten und Fotos machen. Der Anblick ist überwältigend und obendrein kostenlos. Ich gehe mit Nicole zum Tickethäuschen für das Schiff, das direkt unter die Fälle fährt. Zwei Tickets würden offiziell 29 Dollar kosten. Ich stelle mich bei der Kartenverkäuferin als Reporter vor, der ohne Geld ans Ende der Welt reist, und frage, ob ich kostenlos durch darf. Die Dame schaut sich meine Unterlagen an, die aus der geplanten Route und einem englischen Text bestehen, lächelt und sagt: »I wish you and your assistant a nice boat ride!«, bevor sie uns durchwinkt. Ich sehe, wie angespannt Nicole bei meiner Frage guckt. Sie ist zwar überrascht, dass wir kostenlos auf das Boot kommen, findet die Herangehensweise aber wohl nicht so cool. Die Bootsfahrt lockert die Stimmung dann aber doch auf, da die Wassermassen aus 50 Metern Höhe vor unser Boot knallen, Touristen schreiend hin- und herrutschen und man direkt vor den Fällen nur noch eine weiße Wand sieht, die einen Höllenlärm macht. Ich bin total begeistert. Und Nicole auch.

Am gleichen Abend bietet sie mir an, mich am nächsten Tag mit dem Auto über die amerikanische Grenze nach Cleveland zu fahren, das 350 Kilometer entfernt liegt. Mir fehlen die Worte. Ich nehme Nicole in den Arm und drücke sie aus Dankbarkeit, und zum ersten Mal sehe ich ein Lächeln in ihrem Gesicht.

An der Grenze werden wir herausgewinkt; ich muss im Einwanderungsbüro erklären, warum ich ohne Rückflugticket in die USA einreisen möchte. Mir war im Vorhinein klar, dass die Einreise kein Kinderspiel werden würde, da ich schon mehrere schlechte Erfahrungen mit der US-amerikanischen Grenzpolizei gemacht habe. Als ich 1997 ein Jahr in Kalifornien gewohnt habe, bin ich mit meinen Freunden zum Springbreak nach Mexiko gefahren. Bei der Rückreise wurde es schwierig, wieder in die USA reinzukommen, da ich wie meine Kumpels nur den amerikanischen Führerschein dabeihatte, die Grenzbeamten aber meinen Reisepass sehen wollten. Dieser musste von Freunden nachts zur Einwanderungsbehörde gefaxt werden. Nach Stunden des Wartens mussten wir noch alle 100 Dollar Gebühr zahlen, um endlich weiterfahren zu können.

Der weibliche Officer schaut sich mein Ende-der-Welt-ohne-Geld-Konzept an, fragt detailliert nach und entscheidet sich dann doch dazu, mich gegen eine Gebühr von sechs Dollar auch ohne Rückflugticket ins Land zu lassen. Ich merke, wie die nervöse Nicole neben mir aufatmet. Vielleicht hat sie Angst gehabt, sie müsste mich wieder mitnehmen. Sie gibt mir ein Zeichen, dass ich schnell das Geld rausrücken soll. Ich habe aber natürlich keinen Cent. Der Officer schaut mich genervt an und holt den Chef der Einwanderungsbehörde. Dieser liest sich mein Konzept durch und sagt in einem strengen Ton: »Sir, you will not enter the United States of America!« Ich bin fassungslos. Am Boden zerstört. Stehe unter Schock. Was jetzt? Kurze Zeit später, vielleicht sind es insgesamt nur zwei Sekunden, die aber viel länger wirken, lacht der Immigrationoberofficer und sagt: »Sure, you can enter. It's a cool project!« Nicole ist euphorisch, sie freut sich über unsere anarchischen Erfolge. In Cleveland gehen wir noch zusammen in das Kunstmuseum, das keinen Eintritt kostet. Danach verabschieden wir uns sehr herzlich, ich kann mich gar nicht genug für ihre Gastfreundschaft bedanken.

4

»Go West, young Man«
Cleveland–Ohio

Ich stehe an einer Auffahrt am Rande Clevelands mit einem großen Pappschild, das anzeigt, wo ich hinwill: »South«. Zum Glück weiß ich zu diesem Zeitpunkt noch nicht, was mich in der nächsten Woche alles erwarten wird. Das Trampen gestaltet sich noch schwieriger als in Deutschland, denn in den USA ist es zwar offiziell nicht verboten, aber total aus der Mode gekommen. Vorbei die Zeiten, in denen man Jack-Kerouac-mäßige Abenteuer auf den Highways der Staaten erleben konnte. Ein Mensch, der mit ausgestrecktem Daumen am Straßenrand steht, wird erst einmal als sehr suspekt wahrgenommen. Aber: Außer auf den Freeways, also den amerikanischen Autobahnen, ist es legal. Trotzdem nimmt mich keiner mit. Es kommen durchschnittlich elf Autos pro Minute vorbei, aber sie fahren auch alle weiter. Ich verbringe geschlagene acht Stunden an der Auffahrt. Ein älteres Pärchen, das zum Hamburger-Festival in Akron fährt, nimmt mich schließlich mit. Leider ist Akron nicht weit entfernt, und so sitze ich kurze Zeit später auf einem Hamburger-Festival wieder fest. Niemand möchte mir dort einen Burger spendieren, sodass ich die paar Dollar, die ich geschenkt bekommen habe, investiere, um einen Bus in die Nachbarstadt Canton zu nehmen. Im Bus treffe ich Harold, einen Afroamerikaner meines Alters, mit dem ich schnell ins Gespräch komme. Er ist von meiner Reise total begeistert und ruft immer wieder durch den Bus: »It's so amazing, man. You're so cool, can't believe that I've met you!« Er erzählt mir, dass er zwei Kinder von einer Frau in Miami und zwei Kinder von einer anderen Frau in einem Trailerpark vor Canton habe. Trailerparks sind eine Art Wohnwagensiedlung für sozial schwache Bürger in den USA. Im Film »8 Mile« hat man Eminem in einem dieser Trailerparks aufwachsen sehen.

Plötzlich bietet mir Harold an, bei ihm und seiner Freundin zu übernachten. Alles geht ganz schnell, und ich springe spontan mit aus dem Bus. Auf dem Weg zum Trailerpark kündigt er mich seiner Freundin äußerst euphorisch per Handy an. Dann schweigt er, und ich erkenne, dass ihn die Antwort irritiert. Er fällt ihr ins Wort und sagt wütend: »Hold on, relax, pull back!« Sie lässt ihn nicht aussprechen. Er schreit plötzlich in den Hörer: »Shut up, you fucking bitch. Shut finally the fuck up!« Ich weiß in diesem Moment, dass ich nicht dort übernachten werde, und gebe ihm das per Handzeichen zu verstehen. Harold nimmt das Handy vom Ohr und sagt zu mir, dass sie nur etwas betrunken sei und wir das schon hinbekämen. Daraufhin widmet er sich wieder dem Telefonat und beschimpft sie mit englischen Slangschimpfwörtern, die ich noch nie gehört habe. Ich drehe mich um und winke ihm noch einmal zu, dann bin ich weg. Wie konnte ich nur so leichtsinnig sein? Das Ganze hätte noch viel schlimmer enden können.

Also wandere ich auf einer Landstraße, irgendwo in Ohio, der Abendsonne entgegen. Ich nehme mir vor, so lange weiterzugehen, bis irgendetwas passiert. Leider wird es aber nur dunkel, und so falle ich in meinem Zelt hinter einer McDonald's-Filiale unter dem Sternenhimmel Ohios in den Schlaf.

Am nächsten Tag ziehe ich weiter, einfach die Straße entlang, mit fast 40 Kilogramm Gepäck auf dem Rücken. Ich werde immer langsamer und fühle mich, als hätte ich ein riesiges Gummi hinter mich gespannt, das mein Fortkommen verhindert. Ich gehe durch eine schöne Landschaft, die sich durch kleine Hügel, Alleen und Farmen auszeichnet. Am späten Vormittag nimmt mich Micky, eine Rockerbraut um die 40, mit Kippe im Mund und Lederjacke um die Schultern, in einem alten Van ein paar Kilometer mit. Sie redet sehr patriotisch über ihre Gegend und kommt schnell zum Thema: »It's a nice area because there's no black person living here.« »What is the problem with people of colour?«, frage ich. »No worries, I do like them, as long as they don't live in my area.«

Ich bin im legendären Mittleren Westen der USA angekommen. Der Teil der USA, in dem jeder Fremde erst mal suspekt ist. Liberales Denken und Offenheit für Neues, das überlässt man lieber den Ausgeflippten an der Westküste. Hier gibt man sich lieber konservativ. Selbst die Rockerbräute. Mir wird unwohl, und ich erinnere mich an ein Reportageprojekt, das ich mit einem Kumpel während meines Filmstudiums in London umsetzen wollte. Ich sollte als Reporter Leute auf der Straße um diverse Gefallen bitten. Dasselbe sollte ich einen Tag später als Farbiger versuchen und dann das Ergebnis vergleichen. Wir hatten geplant, meine Gesichtsfarbe durch Schuhcreme oder Nutella zu verändern. Unser Filmprofessor fand das zu politisch inkorrekt. So wurde das Projekt nie umgesetzt.

Einige Stunden später wird die Anzahl der Autos, die mir begegnen, immer weniger, und schwarze Pferdekutschen lösen den Autoverkehr ab. Zuerst kommen auf drei Autos eine Kutsche. Am Nachmittag kommen auf ein Auto drei Kutschen.

In den Kutschen sitzen Mitglieder der sogenannten Amish-Gemeinschaft. Sie dürfen keine Autos benutzen und leben praktisch wie im 18. Jahrhundert. Männer tragen Strohhüte, Vollbärte und Hosenträger, Frauen weiße Häubchen und schlichte, einheitliche Kleider. Make-up ist ihnen vollkommen unbekannt. Sie legen Wert auf Familie, Gemeinschaft und Abgeschiedenheit von der Außenwelt.

Heute leben sie in 1200 Siedlungen in 26 amerikanischen Bundesstaaten. Sie führen ein mit dem Land verwurzeltes Leben und sind bekannt dafür, dass sie technischen Fortschritt ablehnen und Neuerungen nur nach sorgfältiger Überlegung akzeptieren.

Ich versuche, mit meinem Daumen eine Kutsche zu stoppen. Aber die Anhänger der Amish-Gemeinschaft reagieren genauso wenig darauf wie die 5000 Autofahrer gestern in Cleveland. Ich werde immer erschöpfter und frage mich, wohin die Reise eigentlich gehen soll. Die Antarktis werde ich so bestimmt nie erreichen. Erste Zweifel kommen auf, ob ich dieses Projekt wirklich schaffen kann.

Gegen 14 Uhr ist mein Wasser aufgebraucht, und ich werde von den Kutschen auf der Straße immer noch erfolgreich ignoriert. Selbst winken, hüpfen, lachen und lustige Grimassen helfen da nichts. Nach zehn Kilometern Fußmarsch beginne ich, körperlich einzubrechen. Die Mittagssonne brennt, und ich bin dehydriert. Alle 500 Meter muss ich anhalten und meinen Rucksack abstellen.

Zum Aufputschen stelle ich meinen MP3-Player an und höre »Die größte Party der Geschichte« von Kante. Es gibt wohl keinen Ort, wo diese größte Party der Geschichte weiter entfernt sein könnte, als Amish County in Ohio. Ich lese später nach, dass im gesamten County kein Alkohol ausgeschenkt werden darf und die Amish auf Musik, TV, Internet und sonstige moderne Unterhaltung verzichten. Kurze Zeit später dröhnt mir Peter Fox mit starken Bässen ins Ohr. Er singt von Koks, Spritzen auf der Straße und davon, dass Tarek gleich Sam eine aufs Maul haut und das Blut spritzt. Dazu sehe ich: Kutschen, Alleen, Kinder am Straßenrand, Erwachsene und Familien auf dem Weg zur Kirche. Das audiovisuelle Gemisch fügt sich mit meiner extremen Erschöpfung zu einem surrealen Musikvideo zusammen.

Ich schaffe es von diesem Punkt aus wahrscheinlich noch einen Kilometer weiter, bis ich völlig erschöpft auf meinem Rucksack am Straßenrand liegen bliebe. Mir ist schwindelig, ich bin total überhitzt, erschöpft und brauche Wasser. Obwohl ich die Hoffnung längst aufgegeben habe, hocke ich am Straßenrand und halte immer noch meinen Daumen den vorbeifahrenden Kutschen entgegen. Unglaublicherweise hält nach einer Weile ein Mitglied der Amish-Gemeinschaft mit seiner schwarzen Kutsche an und nimmt mich mit zu seiner Farm.

Auf dem Weg kommen wir an einem Ortsschild mit der Aufschrift »Berlin« vorbei. Halluziniere ich jetzt etwa, oder bin ich in Ohnmacht gefallen und zurückgeflogen worden? Aber irgendwie wäre es schon komisch, wenn mich eine Kutsche von Berlin-Tegel zu meiner Wohnung fahren würde. Mark, der Fahrer, der mich aufgelesen hat, erklärt mir, dass die Amish Christen seien, die sich erst im Alter von 16 bis 20 taufen ließen. Als christliche Reformbewegung im 17. Jahrhundert entstanden, wurden sie in vielen Regionen Europas, in denen die Herrscher nicht akzeptieren wollten, dass Amish den Kriegsdienst verweigerten oder keine Eide schworen, benachteiligt, verfolgt und schließlich zur Auswanderung in die Neue Welt gedrängt. Da die Amish meist in deutschsprachigen Gebieten ansässig waren, gaben sie den neuen Siedlungen in Amerika Namen wie »Berlin« oder »Hamburg«.

Mark fragt mich, was ich eigentlich in dieser Gegend mache und warum ich nicht meinen Acker zu Hause bestelle. Ich erwidere, dass es mit dem Acker nicht so gut gelaufen sei. Er antwortet, dass er jetzt verstehe, warum ich kein Geld dabeihabe.

Dann bietet er mir an, in seiner Scheune zu übernachten. In den nächsten Tagen füttern seine Frau Elisabeth und sein Bruder Erny mich erst mal richtig durch. Ich brauche drei Tage, um mich wieder zu erholen. Aber danach möchte ich mich für die Hilfsbereitschaft bedanken und packe bei der Feldarbeit so gut ich kann mit an. Das ist wohl nicht gut genug, denn Mark schlägt mir vor, doch lieber den Stall zu kehren. Eigentlich ist das ein Job, den die Frauen im Dorf erledigen, aber ich freue mich, dass ich irgendetwas als Dank für die Hilfsbereitschaft zurückgeben kann.

Erny hat mit seiner Frau sieben Kinder, was hier ziemlich durchschnittlich ist. Beim Essen sitzen alle Kinder – sie sind zwischen drei und vierzehn Jahre alt – diszipliniert am Esstisch, ohne herumzuspringen, zu klagen oder zu reden. Es herrscht eine entspannte Disziplin. Der Vater und die Mutter reden. Vor dem Essen liest Erny aus einer Bibel ein Tischgebet auf Deutsch vor. Ich staune nicht schlecht. Ihre heutige Sprache ist zwar ein altdeutscher Dialekt, den ich nur teilweise verstehe, aber gebetet wird auf Hochdeutsch.

Mark und seine Frau Elisabeth wohnen im Nachbarhaus. Beim Anblick von Elisabeth bin ich ins Grübeln gekommen, ob ich vielleicht doch in einer

Hollywoodkulisse gelandet bin, und gleich Harrison Ford auf der Suche nach dem »einzigen Zeugen« aus einem Stall hüpft: Sie sieht aus wie Angelina Jolie.

Ich frage mich, warum eine so attraktive, eloquente junge Frau ein solches Leben führt. Elisabeth hat Mark schon mit 19 geheiratet, führt den Haushalt, erzieht die Kinder, und weiter als zehn Kilometer ist sie mit ihrer Kutsche noch nie gefahren.

Elisabeth erzählt mir, als wir abends ihre Gasleuchten anzünden, dass sie glücklich sei und nie über ein anderes Leben nachdenke. Ich erinnere mich an eine Unterhaltung mit Karthik, einem indischen Physiker, der Nicole und mich in Cleveland eine Nacht als Couchsurfer aufgenommen hatte. Sein Hauptthema an dem Abend war, dass wir in westlichen Gesellschaften zu viele Auswahlmöglichkeiten hätten und dadurch unglücklich würden. Er argumentierte, dass arrangierte Ehen den Vorteil hätten, dass die Erwartungen nicht so groß seien. Ich hielt an dem Abend natürlich dagegen, musste aber auf meiner Wanderung durch Ohio an mein eigenes ehemaliges Singleleben denken. Neben Partybekanntschaften und Frauen, die ich durch meine Arbeit oder meinen Freundeskreis kennengelernt hatte, war ich über Onlinedating zu neuen Kontakten gelangt. Innerhalb eines Monats hatte ich zwanzig Frauen kennengelernt. Verliebt habe ich mich in keine.

Nach ein paar Tagen, in denen ich mich im Amish-Paradies erholen konnte, schenkt mir Mark für die Weiterfahrt sein Fahrrad. Ich will es zunächst gar nicht annehmen, aber Mark besteht darauf, »als Lohn für deine Arbeit«. Außerdem will er mir helfen, weiter in Richtung Westen zu kommen. Ich bin begeistert und freue mich auf eine Radtour durch die idyllische Landschaft Ohios. Erny überreicht mir zum Abschied noch eine Bibel, genug Nahrung für die nächsten Tage und unglaubliche 100 Dollar. Jetzt bin ich sprachlos. Aber Mark bedrängt mich, das Geld anzunehmen. »Du hast dafür gearbeitet. Nimm es für ein Busticket. Oder willst du mit dem Fahrrad bis in die Antarktis fahren?«, fragt er mich. Ich muss lachen und meinen ersten Eindruck von der Weltfremdheit der Amish revidieren.

Fahrradfahren mit 40 Kilogramm Gepäck auf dem Rücken ist kein Spaß. Nach einer Stunde reißt meine Gangschaltung, sodass ich nur noch im sechsten Gang fahren kann. Die Region ist sehr hügelig, und deshalb heißt es den ganzen Tag Berg hochschieben und Berg runterrollen. Ich komme nur langsam voran. Mein Wasservorrat ist auch dieses Mal schon am frühen Nachmittag verbraucht. Deshalb frage ich in einem kleinen Dorf eine ältere Dame vor ihrem Haus, ob ich irgendwo etwas Leitungswasser bekommen kann. Sie verweist auf das sechs Kilometer entfernte Danville und dreht sich weg. Diese sechs Kilometer gehen wieder bergauf, sodass ich eigentlich schieben müsste, aber ich trete lieber in die Pedale. Ich will einfach weiterkommen. Ich spüre, wie ich in den anaeroben Bereich komme, mein Körper verbraucht mehr Sauerstoff, als er bekommt. Dieses Gefühl kenne ich noch gut von den Tausendmeterläufen, die ich als Jugendlicher bei Leichtathletikmeisterschaften bestritten habe. Der Körper schmerzt, der Sauerstoff ist weg, aber es gilt durchzuhalten, bis der Körper so viel Adrenalin ausstößt, dass man keine Schmerzen mehr spürt. Bei der Steigung hoch nach Danville befinde ich mich zum ersten Mal seit 15 Jahren wieder in diesem Zustand. Nach drei Kilometern tut mir nichts mehr weh, ich trete mit Vollgas in die Pedale. Der Schweiß läuft mir am ganzen Körper runter, aber ich komme vorwärts.

An dem Tag fahre ich fast 90 Kilometer. Zu später Stunde komme ich durch eine Region mit Farmhäusern direkt an der Straße. Ich halte und spreche einen weißhaarigen Mann in Jeans an, der in seiner Garage an alten Autos herumschraubt. Interessiert hört er sich meine Geschichte an. Als ich ihn frage, ob ich vielleicht auf seinem Grundstück die Nacht über campieren darf, zögert er. Da müsse er erst einmal mit seiner Frau reden. Auch wenn ich kein Wort hören kann, die Frage, ob sie mir das Campen gestatten sollen, scheint für Diskussionsstoff zu sorgen. Matthew und Deborah bieten mir erst einmal Wasser an, und nachdem sie mich lange misstrauisch beäugt haben, erlauben sie mir schließlich, in einem kleinen Wäldchen hinter ihrem Haus mein Zelt für die Nacht aufzuschlagen. Die beiden Rentner führen in ihrem kleinen weißen Haus ein sehr abgeschiedenes Leben. Während Matthew viel an seinen Autos arbeitet, geht Deborah völlig in der Pflege ihres Gartens auf und liest sehr viel in der Bibel.

Abends sitze ich mit Matthew auf seiner Terrasse, und wir tauschen Reisegeschichten aus. Er erzählt von seinen Erlebnissen, als er in den Sechzigerjahren durch die USA gefahren ist und hinten in seinem Chevy-Kastenwagen auf Supermarktparkplätzen geschlafen hat. Ich merke, wie meine Anwesenheit seine Leidenschaft wieder aufflammen lässt. Irgendwann holt er sogar seine Gitarre raus und spielt alte Lieder von Johnny Cash.

Am nächsten Morgen wache ich in meinem Zelt auf, kann mich aber kaum bewegen: Muskelkater in Unter-, Oberschenkel, Hintern, Brust und Schultern. Ich muss bis zur nächsten Großstadt noch einmal die gleiche Strecke wie gestern zurücklegen. Aber so ist es unmöglich. Ich schiebe und radele im Schneckentempo durch den Tag, fange an, die Reise zu verfluchen. So habe ich mir mein Abenteuer nicht vorgestellt.

Abends erreiche ich die Großstadt Columbus mit ihren 700 000 Einwohnern. Ich rolle in die Stadt hinein und finde mich in einem Getto wieder. Ganze Straßenzüge sind mit Spanplatten zugenagelt, Häuser sind verlassen und verkommen. Einige Gebäude sind ausgebrannt. Am Straßenrand hängen junge Männer in latino- und afroamerikanischen Gangs herum. Vom Amish schnurstracks ins Gangsta's Paradise. Unterhemden, weite Hosen, Goldketten und Tücher über dem Kopf – dagegen wirkt Sido wie ein Schöneberger Sängerknabe. Viele rauchen kleine Pfeifen. Ich bin mir sicher, dass es Crack ist. An einer roten Ampel macht einer der Jugendlichen eine Handbewegung zu mir, die nur mit »Fuck you!« zu interpretieren ist. Ich überfahre die rote Ampel, schließlich scheine ich der einzige Weiße und der einzige Fahrradfahrer in dieser Gegend zu sein. Immerhin werde ich langsam zum Radprofi.

Am Greyhound-Busbahnhof versuche ich, mein Fahrrad gegen ein Busticket einzutauschen, um endlich weiter in Richtung Westen zu kommen. Die 100 Dollar, die Mark mir gegeben hat, reichen nicht bis New Mexico. Der Supervisor, die Assistentin und der Manager zeigen kein Interesse an meiner Ohne-Geld-Geschichte. Sie schauen noch nicht mal in mein Konzept. Was ist hier los? Sonst sind doch immer alle Leute hellauf begeistert von der Story. Im Wartebereich des Terminals geht es ebenfalls ungemütlich zu. Eine Frau schreit die Ticketverkäuferin an. Ein Mann beschimpft wiederum die schreiende Frau mit »fat bitch!«. Ein Mexikaner läuft völlig zugedröhnt durch den Terminal und provoziert Fahrgäste.

Eine Angestellte gibt mir den Rat, zur Organisation »First Link« zu fahren. Sie zahlen bedürftigen Fahrgästen angeblich das Ticket. Bei First Link erwartet mich eine Dame, die sich sehr viel Zeit für mich nimmt, beziehungsweise für ihre Monologe. Sie redet und redet, lässt mich nicht zu Wort kommen. Sie erzählt von »First Link«, ihrer Position, schweift aus, wie viele Leute in Columbus Hilfe bekommen, kommt aber nicht zum Punkt. Irgendwann drückt sie mir eine Art Telefonbuch in die Hand, in dem Nummern von Organisationen stehen, die ich anrufen soll. Ich erkläre erneut, dass ich ohne Geld keine Telefonate führen kann. Sie versteht nicht, was ich meine.

Ich fahre zurück zum Terminal und versuche es noch mal beim Manager Mike. Ich nenne ihn wie seine Kolleginnen »Little Mike«, da er gerade mal 1,50 Meter groß ist. Ich versuche ihn zu überzeugen, das Geld der Amish-Gemeinde und mein Fahrrad anzunehmen und mir dafür ein Ticket an die Westküste zu geben. »Little Mike« lässt mich aus seinem Büro schmeißen.

Ich schaffe es aber noch, das Mountainbike für 40 Dollar in einem Gebrauchtfahrradladen zu verkaufen. Zusammen reicht mein Geld nun gerade für das Busticket nach Albuquerque, New Mexico.

Es sind 2354 Kilometer, die ich jetzt Stunden zurücklegen werde. Endlich mache ich richtig Strecke! Ich renne noch schnell durch die Geschäfte in Downtown Columbus und frage nach Lebensmitteln. Die Erfolgsquote ist überraschend hoch: wieder 80 Prozent wie in Antwerpen und Montreal, das hätte ich in dieser Stadt nicht erwartet. Von 20 abgeklapperten Geschäften geben mir 15 Nahrungsmittel. Im McDonald's auf der High Street arbeiten ausschließlich Studenten der Ohio State University. Sie flippen vollkommen aus, als ich ihnen von meiner Reise erzähle. Sie geben mir mehrere Burger und wollen den lokalen Fernsehsender anrufen, um mich interviewen zu lassen. Da aber am Bahnhof der Bus wartet, muss ich mir den Spaß leider entgehen lassen.

Ich springe mit meiner Mülltüte voller Lebensmittel in den Greyhound-Bus und sitze dann 35 lange Stunden. Aber nach der Fahrradtour und der Wanderung ist jedes andere Fortbewegungsmittel ein Traum. Sitzen tut nicht weh, man schwitzt nicht, und man bekommt auch keinen Sonnenbrand.

Der Bus führt mich durch verschiedene Bundesstaaten und Zeitzonen. Ich sehe den großen Bogen in St. Louis, fahre durch Oklahoma City und verfolge, wie sich die grüne Landschaft immer mehr in eine Wüste verwandelt.

5

Weltreise in Amerika
Albuquerque

In Albuquerque steige ich Sonntagmorgen überraschend erholt aus dem Bus, obwohl ich zwei Nächte in irgendeiner verknoteten Sitzposition vor mich hin gedöst habe. Mein Essensvorrat hat genau bis zu diesem Zeitpunkt gereicht. Deshalb mache ich mich in der Stadt, die ungefähr so groß ist wie Frankfurt am Main, zum erstbesten McDonald's auf, um nach einem Burger zu fragen. Immerhin wurde ich gerade mal zwei Tage vorher im »Goldenen M« in Columbus wie ein Held gefeiert. Schließlich heißt es ja, dass es bei Franchiseunternehmen in jeder Filiale das Gleiche gibt – aber das ist ein Gerücht: Ich werde rausgeschmissen. Vor der Tür spricht mich ein Mann an: In der hiesigen Baptistenkirche werde jeder aufgenommen, sogar ich. Ich bin überhaupt nicht in der Stimmung für Gottesdienste, ich habe Hunger. Er lässt sich aber nicht abwimmeln und sagt, ich solle um zwölf Uhr an der Noonday Church auf ihn warten.

Da ich an diesem Tag bei 35 Grad im Schatten in Albuquerque nicht viel zu tun habe, erscheine ich um Punkt zwölf. Vor der Kirche steht eine Schlange von mindestens 300 Leuten, die sich geordnet in das Gotteshaus schiebt. Ein Großteil ist offensichtlich obdachlos. In der Kirche wartet auf jeden ein reichhaltiges Mittagessen mit Bohnen und Steak. Nach einer Ansprache des Priesters und ein paar christlichen Liedern verschlinge ich mein Mittagessen innerhalb weniger Minuten. Um mich herum spielen sich tragische Szenen ab. Eine Frau, die so aussieht, als wäre sie 50, aber wahrscheinlich erst Anfang 30 ist, bekommt von ihrem Sitznachbarn mit einem Gürtel den Arm abgeschnürt, wohl um sie auf die nächste Heroinspritze vorzubereiten. Hinten steht ein Polizist mit einer Pistole im Anschlag, um mögliche Gewalt zu unterbinden. Rechts vor mir sitzen Leute, die sich weder fotografieren noch filmen lassen wollen: Nach ersten vorsichtigen Videoaufnahmen sehe ich, wie sich zwei Männer eine Zeitung vor ihr Gesicht halten. Mein Sitznachbar rät mir, sofort die Kamera einzupacken, da er vermutet, dass diese beiden polizeilich gesucht werden.

Aber es gibt auch viele erfreuliche Sachen zu beobachten. Am linken Rand der Sitzreihen sind Friseurstühle aufgebaut. Nach dem Mittagessen steht jedem ein kostenloser Haarschnitt zu. Gerade findet eine Verlosung statt, durch ein Mikro werden die Gewinner bekannt gegeben. Die Preise sind Taschen und Rucksäcke, gesponsert von Geschäften aus Albuquerque.

Beim Durchstreifen der Kirche komme ich mit Joseph ins Gespräch. Er ist 57 Jahre alt, seit fast zwei Jahren obdachlos und sieht überraschend gepflegt aus: Tennissocken, dazu Sportschuhe, ein sauberes T-Shirt und eine neue Baseballkappe. Wie kann dieser Mann obdachlos sein? Er lädt mich ein, mit ihm den Tag zu verbringen. Beim Rundgang durch Albuquerque zeigt er mir den Inhalt seiner Sporttasche. Er hat Rasierer mit Creme, Haarshampoo, Zahnbürste und alle weiteren Toilettenutensilien ordentlich neben saubere T-Shirts und Hosen gepackt. Er riecht auch nicht in irgendeiner Weise nach Obdachlosigkeit.

Joseph erzählt mir, dass er als 16-Jähriger dem Militär beigetreten sei. Als er nach Vietnam geschickt werden sollte, verweigerte er einen Tag vor der Abreise seinen Einsatz. Daraufhin wurde er entlassen. Er begann als LKW-Fahrer zu arbeiten. 30 Jahre bestritt er damit den Lebensunterhalt für seine Frau und seine beiden Kinder. Dann kam es zur Scheidung, weil seine Frau seinen Alkoholkonsum nicht mehr ertrug. Nach der Scheidung kam der Rausschmiss aus der Firma. Er wurde endgültig zum Alkoholiker. Sein Cousin hat ihn dann noch für zwei Jahre als Babysitter bei sich wohnen lassen, bis dessen Frau ihn eines verkaterten Morgens vor die Tür gesetzt hat. Seitdem schläft er im Obdachlosenheim oder auf der Straße und ernährt sich von den Spenden der Kirchen in Albuquerque. Joseph erklärt mir, dass die Kirchen in den USA die Verantwortung für sozial Schwache übernehmen, die in Europa vom Staat übernommen wird.

Nachmittags zeigt er mir seine kostenlose Voicemailbox, auf der ihm Leute Nachrichten hinterlassen können. Er stellt mir die Geistlichen vor, die sich um kostenlose Duschmöglichkeiten für die Obdachlosen kümmern. Endlich kann ich mich nach der Busfahrt duschen. Wir ziehen weiter zur Good Shepherd Mission. Dort wird ein kostenloses Abendessen angeboten. Auch hier drängen sich mindestens 300 Leute hinein. Allerdings sind die Plätze beschränkt. Die Stimmung ist aggressiv. Joseph erzählt mir, dass viele Bedürftige früher im Gefängnis gewesen seien. Eine junge Frau macht in der Schlange eine riesige Szene, weil sich ein Mann vorgedrängelt hat. Joseph rät mir, bloß die Kamera in meiner Tasche zu lassen. Für die Nacht bietet er mir drei Möglichkeiten an. Erstens: unter der Brücke der Stadtautobahn, allerdings ist er dort schon zweimal ausgeraubt worden. Zweitens: ein Bett in der Good Shepherd Mission. Er erklärt mir, dass ich beste Chancen habe, da jeder Neuling sieben Nächte zugeschrieben bekommt. Drittens: im Park zwischen Militärkrankenhaus und Militärbasis. Ich entscheide mich für das kleinste der drei Übel, den Park neben dem Krankenhaus. Option eins fällt weg, da ich nicht ausgeraubt werden will, und Option zwei kann ich moralisch nicht verantworten, da ich keinem Obdachlosen mit meinem »Ohne Geld«-Experiment ein Bett wegnehmen will, denn während es bei der Essensausgabe für alle mehr als genug gibt, sind die Schlafplätze begrenzt. Ungefähr 50 Prozent der Anfragen müssen jeden Tag abgesagt werden.

Das Krankenhaus liegt am Stadtrand, und glücklicherweise sind nachts im Park kaum Leute unterwegs. Ab und zu fährt ein knutschendes Pärchen auf den benachbarten Parkplatz, oder ein LKW lädt heimlich Müll und Schutt in den Krankenhauscontainer ab. Ich will mein Wurfzelt aufbauen, aber Joseph winkt ab. »Zu gefährlich«, sagt er, »damit könnten wir der Polizei auffallen.« Das klingt plausibel. Außerdem könnten wir im Zelt nicht den Sternenhimmel bewundern, der permanent ungewöhnliche Wolkenformationen bietet. Aber diese Romantik ist nur von kurzer Dauer. Um 24 Uhr fängt es an zu regnen. Wir haben keine Chance, trocken zu bleiben, selbst nachdem wir unsere Schlafsäcke unter Bäume ziehen. Durchnässt versuche ich zu schlafen. Ich schaffe es aber gerade maximal drei Stunden, da die Feuchtigkeit, meine Angst vor einem Überfall oder Diebstahl und die Gefahr, erwischt und in eine Gefängniszelle gesteckt zu werden, mir keine Ruhe lassen. Letzteres wäre vielleicht gar nicht so schlecht, da wir dann wenigstens ein Dach über dem Kopf hätten.

So wache ich nach unruhigem Schlaf um drei Uhr schon wieder auf und fühle mich elendig. Wie muss sich wohl Joseph fühlen, der das schon seit zwei Jahren tagein, tagaus macht?

Am nächsten Morgen erzählt er mir, dass er hoffe, es zurück in die Gesellschaft zu packen, da bald seine Rente vom Militär ausgezahlt werde. Ich frage ihn nach Details und bekomme den Eindruck, dass er diese Hoffnung schon sehr lange hat. Ich verabschiede mich von Joseph und verspreche ihm, mich öfters auf seiner Mailbox in der Obdachlosenmission zu melden. Leider wird der Kontakt einseitig bleiben, da er kein Geld für einen Rückruf haben wird. Bei der Verabschiedung haben wir beide Tränen in den Augen. Joseph ist wohl traurig, dass jemand geht, der ihm zugehört hat. Ich bin traurig, ihn zurücklassen zu müssen. Zu dem Zeitpunkt weiß ich noch nicht, dass er mich Monate später, ich bin längst wieder in Berlin, anrufen wird – mit guten Nachrichten: Er hat wieder eine Wohnung und einen Job gefunden.

Ich fahre mit Dan weiter Richtung Westen. Er nimmt mich kostenlos in seinem Mustang Fastback Baujahr 1965 mit. Dieses Auto ist ein wahrer Augen- und Ohrenfang. Das perfekte Auto für einen amerikanischen Roadtrip. Frauen schauen neugierig ins Auto, Männer sprechen uns an Tankstellen auf der zehnstündigen Fahrt nach Las Vegas immer wieder an, um über das Auto zu philosophieren.

Ich habe Dan über eine Annonce bei www.couchsurfing.com gefunden. Seine Lebensgeschichte ist unglaublich schräg. Er ist 35 und war bis vor drei Jahren beim Militär, als Pilot für Spionageflugzeuge im Irak. Er erzählt, dass er die 18-stündigen Schichten nur mit Koffein und Alkohol habe aushalten können. Nach zwei Jahren war er so ausgebrannt, dass er sich vom Dienst befreien ließ. Mit einer ordentlichen Abfindung hat er danach eine neue Karriere als »Day-Trader« aufgebaut und mit Aktien gehandelt. Er erzählt, wie er einmal an nur einem Tag sein Vermögen verdoppelt und in einem Monat verdreifacht habe. Die Geschäfte liefen also gut, bis es zur Wirtschaftskrise kam. 70 Prozent seines Vermögens sind in kürzester Zeit verschwunden. Sein restliches Vermögen geht nach und nach für Leasingraten, Miete und Versicherungen drauf. Deshalb hat er sich nach einer neuen Karriere umgesehen. Er bietet sogenannten »Sugarmamas« seine Liebesdienste an. Also eine Art American Gigolo für die Generation 50 plus. Es ist keine persönliche sexuelle Neigung mit älteren Damen zu schlafen. Vielmehr ein sehr gutes Geschäft. Darum durchquert er gerade die gesamten USA, um eine 20 Jahre ältere Frau in Ventura, Kalifornien, zu besuchen. Er erzählt mir, dass sie sechsstellig im Jahr verdiene und ihn zum »Küche einbauen« nach Kalifornien geordert habe. Er rechnet damit, dass er fürs »Küche einbauen« (Dan knipst dabei grinsend ein Auge zu, denn »Rohr verlegen« trifft es wohl besser) bestimmt 10 000 bis 20 000 Dollar bekommt, wenn er ein paar Wochen bei ihr bleibt.

Wir fahren mit dem Mustang durch New Mexico, Arizona bis nach Las Vegas in Nevada. Die Landschaft ist umwerfend. Die Wüste mit gewaltigen Gesteinsformationen rast an meinem Beifahrerfenster vorbei. Nach einigen Stunden ist Dan ziemlich geschafft (vielleicht eher vom Erzählen als vom Fahren) und lässt mich ans Steuer. Mit dem Mustang über die Route 66 dem Sonnenuntergang entgegenzufahren ist eines der schönsten Erlebnisse meiner bisherigen Reise. Wir erreichen am frühen Abend den Grand Canyon. Dan hat eine kostenlose Eintrittskarte für alle Nationalparks, und so genießen wir die phänomenale Aussicht in die riesigen Schluchten des Canyons. Die tief stehende Sonne bringt die roten Felsformationen zum Erleuchten. Dan und ich sitzen eine Stunde schweigend am Canyon und genießen den Ausblick.

Irgendwie fühle ich mich wie in einem bizarren Traum, da ich innerhalb von 24 Stunden in zwei völlig verschiedenen Welten war.

6

Keine Geschenke
im Wilden Westen
Las Vegas

Wir erreichen Las Vegas gegen Mitternacht. Vorher habe ich unzählige Couchsurfer in der Stadt angeschrieben, fast ohne jeden Erfolg. Zum Glück hat mir aber Elyssa zugesagt. Leider zeigt Dans Navigationsgerät an, dass sie am Ende der Stadt wohnt.

An Elyssas Haustür empfängt mich eine Frau meines Alters, die mir kaum Hallo sagt. Sie lässt mich wortlos in die Wohnung und legt sich auf einen Liegesessel, um mich anzustarren. Neben mir sitzt ein junger Couchsurfer aus Indien, der ebenfalls sichtlich verunsichert ist über Elyssas Verhalten. Er versucht, ein Gespräch anzufangen und mit unsinnigen Geschichten ihr Schweigen zu brechen. Die Versuche bleiben erfolglos. Ich frage mich, ob Elyssa Drogen genommen hat oder einfach nur depressiv ist. Beim Blick durch ihre Wohnung fällt mir ein riesiges Durcheinander auf. Hinzu kommt ein beißender Gestank, der aus der nicht geleerten Katzentoilette stammt.

Ich lege mich mit dem anderen Couchsurfer in ein Etagenbett in Elyssas Küche. Ich schlafe drei Stunden, bis ich mich morgens um sechs Uhr aus

Las Vegas

dem Haus schleiche, um mir ein Hotelzimmer zu suchen.

Las Vegas ist eine Stadt, die es eigentlich gar nicht geben dürfte. Ursprünglich war es eine verträumte christliche Siedlung; die Legalisierung des Glücksspieles im Bundesstaat Nevada im Jahr 1931 legte dann den Grundstein für das schnelle Wachstum der Wüstenstadt. Der Mafioso Bugsy Siegel gründete 1941 das erste Hotel mit Spielcasino. Heute sind es über 1000, die aneinandergereiht die Fremont Street und den Strip säumen und es auf das Geld der spielwütigen Touristen abgesehen haben. Jährlich kommen über 30 Millionen Besucher, von denen nur fünf Prozent angeben, zum Spielen hier zu sein. 87 Prozent erliegen dann aber doch den Verlockungen, die Las Vegas zu bieten hat, und versuchen ihr Glück an einem der unzähligen Spieltische.

Ich vermute, dass es ein Leichtes sein wird, ein kostenloses Zimmer zu bekommen. Leider ist dem überhaupt nicht so. Ich starte meine Anfrage um acht Uhr früh bei 30 Grad im Schatten im Rio Hotel, bin dann gegen zehn Uhr und 35 Grad im Excalibur erfolglos unterwegs und werde mittags bei über 40 Grad im Mirage höflich zur Tür hinausgeleitet. So lustig Las Vegas ausschauen mag, der Spaß ist sofort vorbei, wenn man keine Kohle hat. Viele Rezeptionisten schauen mich regelrecht angewidert an oder halten mich für einen Obdachlosen beziehungsweise für einen Lügner, meistens aber wohl für einen obdachlosen Lügner. Ich bin müde und habe Durst. Die Wasserhähne der Hoteltoiletten verschaffen nur wenig Abhilfe, da ich nach wenigen Minuten in der Hitze wieder genauso viel Durst wie vorher habe. Ich fühle mich wie der See Genezareth: Wasser fließt rein, und nichts fließt wieder raus, obwohl der Wasserspiegel ständig sinkt. Ich fülle meine Zweilitertrinkflasche an diesem Tag viermal wieder auf, sodass ich sechs bis acht Liter Wasser trinke. Die höchste Temperatur im Schatten beträgt an diesem Tag 110 Grad Fahrenheit, was weit über 40 Grad Celsius sind.

Nach bestimmt über 50 Absagen kämpfe ich mich weiter durch die Hotelszene mit immer wieder neuen Ansätzen, mal lustig, mal vorsichtig zurückhaltend, aber nichts funktioniert. Da ich auf keinen Fall wieder bei Elyssa übernachten will, sondern eine Erkältung, die ich mir zugezogen habe, in einem Hotelzimmer mit schönen Videofilmen auskurieren möchte, frage ich immer weiter. Die Casinohotels in Las Vegas gehören drei großen Konzernen. Natürlich kann kein Floormanager entscheiden, ob jemand für ein solches Projekt kostenlos übernachten darf, da er in der Konzernzentrale Rücksprache halten muss. Das ist wiederum unmöglich, da heute Samstag und vor Montag niemand erreichbar ist. Ich erinnere mich an den Film »Casino« mit Robert De Niro und Joe Pesci. Die Handlung beschreibt das Las Vegas der Sechziger- und Siebzigerjahre, als die größten Hotels der Mafia gehörten. Am Ende des Films erzählt Robert De Niro alias Sam »Ace« Rothstein, der als Einziger den Mafiakrieg untereinander und gegen die Polizei überlebt hat, wie sich

Las Vegas gegen Ende der Siebzigerjahre verändert: Die Großkonzerne übernehmen die Rolle der Mafia und leiten die Hotels. Wäre die Mafia nicht so gierig gewesen, säße jetzt vielleicht ein Robert-De-Niro-Lookalike im seidenen Morgenmantel und mit Zigarre im Chefsessel eines großen Hotels. Wahrscheinlich hätte er mir höflich eine seiner Präsidentensuiten angeboten. Das Ganze hätte wohl nur den Haken gehabt, dass ich den Rest meines Lebens in der Schuld der Mafia gestanden hätte: »You'll get this suite and you'll just owe us a little favor!« Aber in dieser Situation, nach achtstündiger und erfolgloser Suche, würde ich so einen schmierigen Deal wohl annehmen, da ich einfach nur schlafen will.

Es gibt noch einen dritten Grund, der es ziemlich unmöglich macht, ein kostenloses Zimmer zu finden: DIE VERDAMMTE GRÖSSTE SCHUHMESSE DER WELT! Warum muss sie gerade an diesem Wochenende in Las Vegas stattfinden und eine Horde von Schuhverkäufern anlocken, die dann alle Hotels füllen und spontane Anfragen unmöglich machen?

Ich könnte ja nachvollziehen, wenn die weltgrößte Schuhmesse am Rennsteig im Thüringer Wald oder am spanischen Jakobsweg stattfinden würde, wo man bestimmt viele Schuhe zum Wandern braucht. Aber warum gerade in der Wüste von Nevada bei 43 Grad im Schatten? Da denkt man an alles Mögliche, aber bestimmt nicht an Schuhe.

Trotz dieser Hindernisse komme ich gegen 16.30 Uhr zum TOD Motor Motel, einem klassischen Westküstenmotel der Sechzigerjahre. Die acht Meter große Leuchtreklame »TOD Motor Motel« hat schon viel bessere Tage gesehen. Die Möbel im Empfangsbereich auch – und zwar vor 40 Jahren. Ich spreche mit Fred, der das Motel leitet. Er sagt ohne langes Zögern, dass ich einige Tage ein Zimmer bekommen könne, da er meine Story gut finde.

Dieser Tag hätte somit ein Happy End gehabt, wäre da nicht auch noch Tod, dem das Motel gehört. Fred stellt mich Tod vor und erklärt, dass ich keinen Cent Geld dabeihabe. »You're not staying here, are you?«, fragt Tod entgeistert zurück. Als ich nicke, legt er los: »This is a fucking story, you never travel without money!« Tod ist stinksauer. Ich erkläre ihm schnell und nervös meine ganze Reise. Tod stellt mir Fangfragen, will wissen, wo ich genau wann war. Ich rattere alles in einem totalen Durcheinander herunter: Arbeiten auf dem Containerschiff, Montreal, 100 Dollar und ein Fahrrad von den Amish, Obdachlose in Albuquerque. Tod schaut mich verstört an, da er nicht mit einer solchen Mischung von ungewöhnlichen Fakten innerhalb von 30 Sekunden gerechnet hat. Trotzdem setzt er nach: »This guy is a fucking scam! Don't you see that, Fred?« Fred bleibt entspannt und fordert mich auf, weiterzuerzählen. Mir fällt Dan mit seinen Sugarmamas ein, die sein Leben finanzieren. Ich erzähle ausführlich die Geschichte und vom Mustang Fastback, wie ich ihn über die Route 66 gefahren habe. Jetzt grinst Tod zum ersten Mal. Diese Geschichte gefällt ihm viel besser als die Obdachlosen- oder Amish-Erfahrungen. »Okay, it could be true, but you only stay here, if we do a deal!« Er bietet mir mehrere Nächte im Motel an, wenn ich ein Werbevideo für sein Hotel drehe. Ich schlage ein und falle endlich ins Bett, um meine Erkältung auszukurieren.

Die nächsten Tage lebe ich hauptsächlich von Pancakes aus der Motelküche. Und ich finde eine neue Quelle, um meinen Flüssigkeitshaushalt auszugleichen. Normalerweise trinke ich Leitungswasser. Wegen des hohen Chlorgehalts schmeckt es hier jedoch furchtbar. Auf dem Amüsierstrip ziehe ich mit einem Becher von McDonald's durch die verschiedenen Filialen, um beim Refill-Automaten immer wieder mein Getränk aufzufüllen. Es läuft problemlos, da niemand in den McDonald's-Filialen überprüft, ob ein zahlender oder nicht zahlender Kunde seinen Becher unter den Automaten hält.

Nach drei Tagen im TOD Motor Motel bedankt sich Tod für das Filmchen, das ich für sein Motel produziert habe, legt mir aber nahe, weiterzureisen, da er das Zimmer nun für zahlende Gäste braucht. Zu diesem Zeitpunkt habe ich noch keine Möglichkeiten für eine Weiterfahrt finden können, habe aber trotzdem vorgesorgt. In der Zwischenzeit habe ich noch ein Hotel gefunden, nämlich das Rodeway Inn, das mich aufnehmen würde. Der Manager David meint bei meiner Anfrage: »Oh, that's kind of cool!« Ja, ich finde es auch kind of cool, dass er mir drei Nächte mit Frühstück zusagt. Dieses Hotel hat ebenfalls wieder einen Pool, aber im Vergleich zum TOD Motor Motel auch einen richtig guten Zimmerstandard mit Kabel-TV, guter Klimaanlage und gleich zwei Doppelbetten. Im Rodeway Inn gibt es Müsli, Cornflakes und Kuchen in allen Variationen. Auch wenn es nicht gerade gesund ist, den ganzen Tag von Kuchen zu leben, schaffe ich es in den nächsten drei Tagen, so viel davon beim Frühstück zu bunkern, dass ich jeweils bis nachmittags versorgt bin.

Aber auch David fordert eine Gegenleistung für die drei Nächte mit indirekter Vollpension. Er sagt, dass er schon gerne meine beiden Videokameras aufgebaut sähe. Er sagt nicht, ob er erwartet, dass ein solches Interview jemals irgendwo verwendet wird. Er möchte einfach nur ausgiebig interviewt werden. Diesen Gefallen kann ich ihm selbstverständlich tun.

Am selben Tag noch baue ich im Eingangsbereich des Rodeway Inns beide Kameras auf. Eine Kamera steht auf einem Stativ, die andere hat ein Superweitwinkelobjektiv und ein Richtmikro aufgeschraubt. Ich achte darauf, dass das Richtmikro den flauschigen Windschutz trägt, damit alles noch viel professioneller aussieht. Das Interview dauert ungefähr 30 Minuten. David erzählt von seiner Karriere als Manager im Rodeway Inn. Er beschreibt, wie alles angefangen hat, als er von der Ostküste kam und sich als Manager beworben hat, wie seitdem das Rodeway Inn um einige Zimmer vergrößert wurde und warum der Pool immer noch derselbe wie vor elf Jahren ist. Ich frage ihn nach den Gästen. Er erzählt, dass viele sehr jung seien, oftmals Collegestudenten, aber dass es auch ältere gebe, gerade im Herbst zu

Las Vegas

den unzähligen Messen in der Stadt. Darauf folgen Beschreibungen der neu geteerten Straße vor dem Hotel. Er fragt sich, wie heiß es den Straßenarbeitern wohl beim Teeren in der Wüstenhitze gewesen sein muss. Außerdem reden wir über die vielen betrunkenen Touristen in der Stadt, aber auch darüber, dass sie gar nicht so schlimm sind. Ich frage nach seiner Lieblingsstadt, seinen größten Wünschen im Leben und danach, wie es ist, in einer Wüste zu leben. Er antwortet detailliert, dass es so viele schöne Städte auf der Welt gebe, unter anderem New York und San Francisco, aber auch europäische Städte seien bestimmt ganz schön. Es geht um seine Wünsche, zum Beispiel eine Gehaltserhöhung oder Gäste, die sich mehr für Attraktionen um Las Vegas herum interessieren. Er fügt hinzu, dass die Wüste um Las Vegas gar nicht mal so schlimm sei. Außer in den Monaten Juni bis August sei das Klima sogar toll. Ich denke wieder an den Film »Casino« und die zahllosen verbuddelten Mafiosi. Dann geht es noch um Bowling. Ein toller Sport, meint er. Zweimal wöchentlich treffe er sich zum Bowling mit Freunden, in letzter Zeit kämen einige aber leider immer unregelmäßiger zum Training. Nach dem Interview schütteln David und ich uns respektvoll die Hand, denn wir haben einen klaren Deal abgeschlossen, in dem jeder etwas bekommt. David ist zufrieden mit seinem Interview und ich mit dem Hotel für die nächsten drei Nächte.

Am nächsten Tag mache ich mich auf, meine Weiterfahrt rechtzeitig zu organisieren, schließlich möchte ich noch irgendwann in der Antarktis ankommen, und die ist momentan bei 42 Grad im Schatten noch ziemlich weit weg. Da ich kapiert habe, dass Trampen nicht funktioniert, beschließe ich, Geld für meine Weiterfahrt zu organisieren. Deshalb stelle ich mich vor das »Bellagio«, eins der größten Hotels der Stadt. Zwischen Hotel und Straße findet stündlich ein riesiges Wassermusikspektakel statt, wo Hunderte Düsen Wasser passend zu lauter Musik ausspucken.

Das scheint genau der richtige Ort für das »Human Sofa« zu sein, da sich viele Touristen bei großer Hitze hierherschleppen. Bei über 40 Grad im Schatten kann man das Fortbewegen wirklich nicht mehr als Gehen bezeichnen. Ich sehe meine Marktnische darin, den Touristen etwas Erholung anzubieten, und stelle mich mit einem großen Pappschild vor die Wasserfontänen, die aus dem Brunnen schießen. Mein Angebot lautet: »Human Sofa for one Dollar!« Jeder kann sich für einen Dollar auf meinem Rücken ausruhen. Leider verstehen die Touristen mein Angebot erst mal nicht, da weit und breit kein Sofa zu sehen ist. Die vorbeigehenden Menschen schauen verstört hinter mich oder hinter den nahe stehenden Baum, aber finden nichts.

So entschließe ich mich, mein Angebot für das Human Sofa gleich auf allen vieren in Knieposition anzubieten. Auf meinem Rücken befindet sich ein weißes Kissen, damit das Human Sofa auch einen gewissen Komfort bieten kann. Mein Pappschild mit dem Angebot darauf hängt um meinen Hals und breitet sich durch meine Knieposition vor mir auf dem Bürgersteig aus. Die Passanten verstehen mein Angebot jetzt und lachen, schmunzeln oder jubeln dem Human sogar zu. Gerade als sich der erste Kunde daraufsetzt, stört das Wachpersonal des Bellagios meine Geschäfte und verweist darauf, dass der Bürgersteig ebenfalls Eigentum des Hotels sei, deshalb bitte weg hier!

Ich ziehe weiter an eine Bushaltestelle und knie wieder auf allen vieren vor den Fußgängern als Human Sofa. Die Geschäfte laufen jetzt an, ganze Familien möchten sich mal ausruhen. Um mich herum findet aber noch ein geschäftiges Treiben von anderen Leuten statt, die Flyer verteilen oder auf dem Schwarzmarkt Konzertkarten verkaufen. Ich merke, dass ich mit dem Human Sofa einen anderen Ort suchen muss, weit weg von Sicherheitskräften und Straßenhändlern. So betrete ich den Markusplatz, der nach italienischem Vorbild gestaltet ist, in der Mitte eine Nachbildung des Campanile von San Marco. Dieser Kirchturm bildet hier aber den Eingang für das Wachsfigurenkabinett von Madame Tussauds. Menschenmassen werden auf Laufbändern durch den Turm hineingeschleust. Perfekt für das Human Sofa! Ich knie mich wieder hin, und dieses Mal klappt es besser. Die Touristen sehen mich schon von Weitem mit dem Kissen auf dem Rücken auf dem Boden knien. Ich rufe immer wieder: »Human sofa, take a seat for just one dollar!«, »Special price, just one dollar for the human sofa!« Die Leute sind begeistert, und einige nehmen Platz. Eine Gruppe äußerst betrunkener Collegestudenten kommt vorbei.

Einer der Typen fühlt sich verpflichtet, mir lautstark zu helfen. Er ruft über die Laufbänder im gefälschten Markusturm: »Haaaave a seat on thaaaat huuuuuuuman sooooofa!« Die Touristen reagieren eher verschreckt, da sie wohl denken, dass er zu mir gehört. Keiner traut sich mehr. Ich höre auf und zähle meine Einkünfte. Insgesamt nur sieben Dollar – aber ich bin stolz.

Damit gehe ich ins Circus Circus. Es ist eines der Casinohotels am Strip, die mit hell erleuchteten Werbetafeln, Achterbahnen und lauter Musik Kundschaft anlocken. Ich tausche im Casino fünf meiner sieben Dollar gegen einen Spielchip ein. Es gibt hier einen kostenlosen Einführungskurs für Black Jack, an dem ich teilnehme. Eigentlich ist es ganz einfach, wenn man das Spiel Siebzehnundvier kennt. Das Ziel ist es, mit seinen Spielkarten möglichst nah an 21 Punkte zu kommen. Falls man nicht darüberliegt und mehr Punkte als der Dealer, also der Kartenverteiler, hat, gewinnt man eine Runde und verdoppelt sein Guthaben. Ich setze meinen Fünfdollarchip ein. Meine beiden Karten ergeben zusammen elf Punkte, also ziehe ich noch eine Karte. Es ist eine sieben. Mit achtzehn Punkten liegt man gar nicht so schlecht. Der Dealer zieht und hat mit seiner zweiten Karte schon neunzehn Punkte. Mein Geld ist weg.

Ziemlich frustriert beobachte ich an einem der Pokertische einen dicken, älteren Mann mit einem Haufen Chips vor sich, die bestimmt einen Wert von 3000 Dollar haben. Mit seinem XXL-T-Shirt, den Shorts und alten Turnschuhen sieht er gar nicht so wohlhabend aus. Innerhalb weniger Minuten halbiert sich der Haufen. Ich spreche ihn an, und er stellt sich mir als Sam vor, möchte aber nicht über sich und seine Spielleidenschaft sprechen. Sam findet meine Reise ohne Geld ziemlich lustig. Deshalb ruft er seinen Kumpel Roy Cooke an, der mich zu sich nach Hause einlädt. Sein Haus liegt in einer der sogenannten »gated areas«, also einer der abgezäunten Gegenden der Reichen. Roy selbst ist ein untersetzter Mann um die 50 mit einem Oberlippenbart, der wie ein gemütlicher Teddybär daherkommt. Er erzählt mir, dass er 15 Jahre lang als professioneller Glücksspieler gearbeitet habe und dadurch ziemlich reich geworden sei. Er möchte nicht so gern über genaue Zahlen sprechen, aber fünf Millionen habe er wohl schon eingenommen. Ich bin begeistert, dass man Glücksspiel anscheinend doch professionalisieren und dabei auch ordentlich Geld gewinnen kann, im Gegensatz wohl zu meinem hilflosen Versuch am heutigen Tag. Roy erzählt mir, dass er früher in der Schule ein Außenseiter gewesen sei, ein Typ, über den alle gelacht hätten. Sein Vater war professioneller Schachspieler und hat ihn schon früh ans Spielen herangeführt. Während des Colleges hat er dann gemerkt, dass er damit richtig viel Geld machen kann. Schnell ging es bergauf, er wurde zu einer namhaften Größe in Las Vegas. Er heiratete eine hübsche Frau und gründete eine Familie. Ich frage Roy, ob ihn Geld glücklich gemacht habe, und er antwortet anders als Dan oder Joseph: »Yes, money has made me a much happier person!« Dank der Millionen ist er jemand geworden, mit dem man sich in Las Vegas gern fotografieren lässt. Er sagt, er sei so etwas wie ein Ausnahmetalent, jemand, der so etwas wie Glücksspiel extrem gut könne, aber in fast allen anderen Lebensbereichen wie zum Beispiel »Glühbirne reinschrauben«, »Müll rausbringen« oder »Videorekorder programmieren« total unbegabt sei. Dank des Gelds muss er diese unangenehmen Aufgaben nicht mehr erledigen. Vor fünf Jahren hat er mit seinem Geld eine neue Karriere als Immobilienmakler angefangen. Zuerst lief alles ganz gut, und er konnte seine fünf Millionen mit seinen Grundstücken und Häusern sogar fast verdoppeln. Aber dann kam die Wirtschafts- und Immobilienkrise, und jetzt sind 90 Prozent seines Vermögens weg. Er steht vor dem Ruin. Ich bin geschockt, dass diese unglaubliche Geschichte ohne Hollywoodende auskommt, und kann kaum fassen, dass Roy vollkommen gelassen und ohne Verbitterung vor mir sitzt. Er ist durch Glücksspiel reich geworden und hat fast alles durch Arbeit wieder verloren. Er verabschiedet mich mit einem Tipp für den Rest meiner Reise ohne Geld: »Shuffle up and deal!« Er grinst zufrieden und schließt die Tür.

Am nächsten Morgen stelle ich mich mit zwei Dollar in der Tasche an die Auffahrt des Freeway 15, auf meinem großen Pappschild stehen zwei Buchstaben: LA. Ich gehe davon aus, dass weltweit fast jeder erwachsene Mensch diese beiden Buchstaben als Abkürzung für eine der größten amerikanischen Metropolen interpretieren kann. Leider ist das aber nicht so in Las Vegas, das gerade mal knapp 400 Kilometer von Los Angeles entfernt liegt. Eine Frau mittleren Alters hält neben mir an. Nein, sie will mich nicht mitnehmen, sondern ist nur neugierig, was die beiden Buchstaben auf dem Schild bedeuten sollen. Dabei spricht sie LA nicht als »El Äi«, sondern als »Läi« aus. Sie fragt, was ich damit meine. Ich bin fassungslos.

7

Everybody has a Dream
Los Angeles

Als mich Wayne, der sich schließlich in Las Vegas erbarmt hat, am Stadtrand von Los Angeles absetzt, habe ich Glück – denke ich. Denn ich lerne an der Tankstelle gleich Fred kennen, der mich weiter mitnehmen will. Er müsse nur noch schnell etwas erledigen, sagt er. So beobachte ich, wie er mit seinem riesigen Pick-up-Truck auf den Parkplatz neben der Tankstelle fährt und dort eine junge Dame empfängt. Beide knutschen rum, umarmen sich immer wieder. So wird aus dem kurzen Treffen eine zweistündige Liebelei im Pick-up-Truck.

Schließlich lohnt sich meine Geduld, und Fred bietet mir gut gelaunt an, mich bis nach Santa Monica zu fahren, wo ich eine Einladung von einem Couchsurfer namens James bekommen habe. Fred ist Mitte 40, ein Typ, der äußerlich eine Mischung zwischen Danny DeVito und Dirk Bach darstellt. Innerlich auch, wie ich bald merke.

Wir fahren durch das endlose Häusermeer von Los Angeles. Er erzählt mir euphorisch die Details seiner Beziehung und dass er zum ersten Mal in seinem Leben bereit sei, für eine Frau von der Küste wegzuziehen. Er redet in Superlativen über die tollste Frau der Welt, über Zukunftspläne und darüber, dass es für immer sei. Ich bin beeindruckt über die starke Liebe und frage, wie lange das denn nun schon so läuft. Er sagt, dass es heute das zweite Date gewesen sei und sie sich schon seit acht Tagen kennen.

In Santa Monica empfängt mich James in einem schicken Apartment in Strandnähe. James scheint das Los-Angeles-Klischee schlechthin zu sein: Er ist 34, sieht gut aus und hat drei Jobs, die alle etwas mit Hollywood zu tun haben. Sein Hauptjob ist Masseur bei Hollywoodpromis. Ab und zu kommt es bei dem Zusammentreffen gut aussehender Masseure und berühmter Hollywoodschauspielerinnen wohl auch mal zu Massagen, bei denen es nicht primär um Entspannung geht. Kürzlich hat er einen Zusatzkurs für Thaimassagen absolviert. Ein paar wild umhergeworfene Thaibegriffe während der Massage beleben wohl ebenfalls das Geschäft. Sein zweiter Job ist das Drehbuchschreiben für verschiedene Fernsehshows und Filme. Dabei ist James wahrscheinlich ein typischer »Starbucks writer«, also ein Schreiberling ohne Erfolg, der jeden Tag in irgendeinem Starbucks-Café in West Hollywood vor seinem MacBook (ein normaler Laptop wäre an dieser Stelle vollkommen indiskutabel) sitzt und versucht, sich den nächsten großen Blockbuster aus dem Gehirn zu wringen. Den Oscar als »Best-Posing-Screenwriter-in-a-Los-Angeles-Coffee-Shop« ist ihm aber zu 100 Prozent sicher. Wobei die Betonung auf »posing« liegen muss. Der dritte Job dürfte jetzt klar sein, natürlich Schauspieler. James erzählt noch von ein paar weiteren Jobs: Er legt als DJ in einer kleinen Bar auf und verschickt auch regelmäßig Modelfotos von sich. Mit mäßigem Erfolg, aber er gibt nicht auf. Irgendwann wird er den amerikanischen Traum leben und es in Hollywood schaffen. Hofft er zumindest.

Am ersten Abend erzählt er mir viel aus seinem Leben, davon, wie er die Provinz verlassen habe, um in LA die große Karriere zu machen, darüber, wie man alles im Leben schaffen könne, wenn man nur an sich glaube, und natürlich darüber, wie cool es sei, mitten im Hollywoodleben zu stehen. Während seiner ausführlichen Erzählungen (James erzählt lieber, als er zuhört) schaut er sich immer wieder im großen Wohnzimmerspiegel an und fährt sich mit der Hand durchs Haar. Er fragt mich, ob er gut aussehe. Ich bejahe die Frage selbstverständlich und erkläre ihm schließlich, dass er dem Schweizer Sänger Patrick Nuo ähnele, der für sein gutes Aussehen bekannt ist. Das gefällt James, Ähnlichkeiten mit einem europäischen Sänger klingen gut. Er fragt mich, was den Frauen an Patrick Nuo am meisten gefalle. Augen, Mund oder der Körper? Ob ich sein hartes Fitnesstraining an seinem mittlerweile freien Oberkörper erkenne und ob seine Haare zu lang seien? Das Thema ist unerschöpflich, aber irgendwann kann ich nicht mehr und schlafe ein.

Am Morgen fährt mich James zum »Santa Monica Airport«. Der kleine Flughafen dient vor allem reichen Geschäftsleuten dazu, mit ihren Privatjets von einem Meeting zum nächsten zu jetten. Ich will mich vor den Terminal stellen und als »Air-Tramper« den Daumen raushalten, in der Hoffnung, dass irgendein Geschäftsmann einen Termin in Südamerika hat und vielleicht noch einen Steward an Bord braucht. Um meine Chancen zu erhöhen, habe ich mir mein Butlerkostüm angezogen. Obwohl an diesem Flughafen täglich bis zu 500 Flugzeuge abheben oder landen, stehe ich mir die Beine in den Bauch. Ich frage die Angestellte am Infoschalter, ob heute noch Abflüge geplant sind. Sie reagiert reserviert und bittet mich, das Gelände sofort zu verlassen. Vor dem Gebäude frage ich Passanten, wie man am besten mit einem Privatjet trampen kann, aber niemand will mir weiterhelfen.

Enttäuscht laufe ich als Butler verkleidet durch die endlosen Straßen von Los Angeles. Es liegt nicht nur an meinem Outfit, dass mich alle schief anschauen. Als Fußgänger zeigt man in LA öffentlich, dass man ein Loser ist. Alle Angelinos besitzen ein Auto. Wer das nicht glaubt, muss nur einen Blick auf einen der überfüllten Freeways werfen. Die Stadt der Engel ist eine Stadt der Autos. Zwar gibt es einen öffentlichen Nahverkehr, aber die wenigsten Einwohner wissen, dass in ihrer Stadt ein funktionierendes U-Bahn-System existiert. Und das, obwohl sogar die Hollywoodprominenz einen grüneren Lebensstil propagiert. Stars wie Leonardo DiCaprio, Cameron Diaz oder Justin Timberlake wollen als Vorbild gelten und haben sich Hybridautos angeschafft. Aber vielleicht vermissen auch sie insgeheim ihre Porsches und Hummers.

Es sind nicht nur die kritischen Blicke der Autofahrer, die einem das Laufen schwer machen. Los Angeles ist einfach nicht für Fußgänger geschaffen. Die Stadt ist viel zu weitläufig, um zu Fuß ans Ziel zu gelangen. Wer Bekannte besuchen oder etwas unternehmen will, muss weite Strecken fahren. So braucht man zum Beispiel von Hollywood nach Santa Monica fast eine Stunde (vorausgesetzt, es ist kein Stau). Auch Theater, Kinos oder Konzertsäle sind weit von den Wohnbezirken entfernt.

Nach ein paar Kilometern Fußmarsch hält ein Streifenwagen hinter mir. Ein Polizist steigt aus und erklärt, dass sich die Flughafenangestellte über mich beschwert habe. Ich vermute, dass meine Reise-bis-ans-Ende-der-Welt-ohne-Geld-Geschichte jetzt nicht auf großes Interesse stoßen wird, und sage, dass ich deutscher Tourist bin und nach einem Flug nach Mexiko gefragt habe. Er fordert meinen Reisepass. Ich krame in meiner Tasche herum, kann ihn aber nicht sofort finden. Dabei merke ich, wie der Polizist meine Hände keine Sekunde aus den Augen lässt. Er geht zwei Schritte zurück, beobachtet mich genau und hat dabei seine rechte Hand am Gürtel neben seiner Pistole. Ich versuche, die Situation mit ein paar selbstironischen Späßen über deutsche Touristen in Los Angeles aufzulockern, aber er bleibt ernst. Nach der Überprüfung meines Passes mustert er mich von oben bis unten. Es ist eine unangenehme Stille zwischen uns, bis er mich fragt, ob ich immer so herumlaufe. Ich schaue an mir herunter und sehe, dass ich immer noch als Butler gekleidet bin. Kopfschüttelnd gibt er mir meinen Pass zurück und verabschiedet sich mit der Aufforderung, die Sache mit dem Flug möglichst schnell zu klären. Mir fällt ein Stein vom Herzen.

Ich ziehe mich hinter einer Kentucky-Fried-Chicken-Filiale um und gehe weiter. Passanten haben mir erzählt, dass der Hauptflughafen von Los Angeles gleich um die Ecke sei. Nach einem fast dreistündigen Fußmarsch um 400 Ecken komme ich an. Ich betrete den Terminal und frage bei United Airlines, Delta, Continental und American Airlines nach einem kostenlosen Flugticket Richtung Mexiko. Die Angestellten der Fluggesellschaften lehnen mit dem Verweis ab, dass solche Angelegenheiten mit den jeweiligen Zentralen in Chicago, New York oder Seattle schriftlich geklärt werden müssen. Nach den Erfahrungen mit den Hotelketten in Las Vegas hätte mir so etwas natürlich klar sein sollen. Erschöpft und frustriert laufe ich durch das Häusermeer zurück zu James. Ich berichte von meinen Erlebnissen. James nickt mitfühlend, fragt aber im nächsten Atemzug, wann ich eigentlich weiterreise. Ich merke, dass meine Zeit hier abgelaufen ist. Mittags logge ich mich an einer Straßenecke in ein offenes Netzwerk ein und suche nach einer Mitfahrgelegenheit nach San Francisco. Eigentlich liegt die Stadt nicht auf meiner Route in die Antarktis, aber ich kenne dort ein deutsches Pärchen, das mir vor der Reise angeboten hat, mich aufzunehmen, falls ich vorbeikäme. Eine Atempause bei den beiden erscheint mir jetzt genau das Richtige.

Nachmittags gehe ich an den Strand von Santa

Monica, um Geld für eine Mitfahrgelegenheit zu verdienen. In meiner Not fällt mir nichts Besseres ein, als mit Sonnencreme herumzulaufen und den Leuten anzubieten, ihnen für einen Dollar den Rücken einzucremen. Ich komme mir dabei ziemlich schmierig vor. Den Badegästen geht es ähnlich. Männer finden meine Anfrage total grenzwertig. Wer möchte sich schon in der Öffentlichkeit den Rücken eincremen lassen? Und dazu noch von einem anderen Mann? Auch die Frauen reagieren leider sehr verhalten, da es wohl ein starkes Stück ist, dass ein Mann für das Eincremen auch noch Geld haben will. Ich ändere meine Taktik. Statt handgecremten Sonnenschutz biete ich den Leuten nun an, ihnen den Rücken nicht einzuschmieren und sie einfach in Ruhe zu lassen. Mit Erfolg, denn so kommen innerhalb von zwei Stunden stolze 13 Dollar zusammen, die mich San Francisco ein kleines Stück näher bringen. Ich gehe zurück zu der Ecke am Santa Monica Boulevard und logge mich wieder ins Internet ein. Eine Frau hat mir geschrieben und bietet an, mich am nächsten Tag für 35 Dollar mitzunehmen.

Als ich bei James ankomme, öffnet mir seine Mitbewohnerin die Tür. Ich erzähle ihr, dass ich bis morgen früh noch 22 Dollar zusammenbekommen muss. Sie nickt, greift zu ihrem Portemonnaie und drückt mir das Geld in die Hand. Entweder sie hat ein großes Herz für Fremde – oder sie will sichergehen, dass am nächsten Morgen keine Fremden mehr in der Wohnung sind.

8

Kissenschlachten für Fortgeschrittene
San Francisco

Am nächsten Morgen fahre ich mit Sarah, die sich auf meine Anfrage im Internet gemeldet hat, auf der Interstate 405 in Richtung Norden. Die »four-o-five« ist die meistbefahrene Autobahn der USA und zieht sich von San Diego bis nach San Fernando. Sarah kennt die Strecke gut und gibt trotz Geschwindigkeitsbegrenzung Vollgas. Sie ist Mitte 20, hat vietnamesische Eltern und arbeitet als Buchhalterin in Los Angeles. Seit Wochen wartet sie auf ein Päckchen aus Vietnam, das aus unerklärlichen Gründen in der Postzentrale von San Francisco feststeckt. Heute versucht Sarah zum dritten Mal, ihr Päckchen persönlich abzuholen. Wie die Male zuvor hat sie sich dafür ein Auto gemietet und Mitfahrer gesucht, um die Fahrtkosten zu minimieren. Bei den beiden letzten Trips wurde sie im Postamt mit dem Argument abgewimmelt, dass die zuständige Person nicht im Hause sei. Aber heute wird es klappen, da ist sie sich sicher. Sechs Stunden später parkt sie den Wagen vor dem Postamt in San Francisco im Halteverbot und bittet mich, auf sie zu warten. Kurz darauf kommt sie niedergeschlagen zurück. Immer noch keine Spur von ihrem Päckchen. Deprimiert fährt sie nach Los Angeles zurück.

Ich habe mehr Glück. Als ich bei Thomas und Kathrin, meinen deutschen Bekannten, ankomme, wartet eine Überraschung auf mich: ein Päckchen aus der Heimat, das mir eine Freundin an diese Adresse geschickt hat. Darin sind Vollkornbrot, Müsliriegel, Süßigkeiten, Brotaufstriche, eine Packung Sauerkraut, Duschgel und vieles mehr. Ich hätte nie gedacht, dass ich mich jemals über ein solches »Carepaket« so freuen könnte. Während ich die Schätze vor mir aufbaue, erzählen mir Kathrin und Thomas aus ihrem Leben in Amerika. Sie sind vor einem Jahr hierhergezogen, Thomas ist Informatiker und hofft auf eine Karriere im Silicon Valley, unweit von San Francisco. Die beiden haben ein geräumiges Apartment im Haight Ashbury, dem Viertel, das in den Sechzigerjahren eine Keimzelle der Hippiekultur war. Wir sprechen deutsch, essen Nutella und schauen abends mit der Wolldecke über den Beinen auf dem Sofa die Tagesschau per Podcast, und ich komme mir fast vor, als wäre ich zu Hause in Berlin.

Da ich durch mein Überraschungspaket einige Vorräte für die kommenden Tage habe, mache ich am nächsten Morgen eine entspannte Stadtbesichtigung und bin vollkommen von den Socken. Diese Stadt ist das bisherige Highlight meiner Reise. Architektonisch kann es San Francisco wohl mit jeder europäischen Stadt aufnehmen. Ich stehe mit offenem Mund vor den Häuserfassaden. Jedes Haus hat etwas Originelles, keines sieht aus wie das andere. Wegen der Erdbebengefahr ist der Großteil der Gebäude aus Holz errichtet. San Francisco ist bekannt für die vielen Häuser im viktorianischen Stil, die während der Goldgräberzeit Mitte des 19. Jahrhunderts gebaut wurden. Obwohl viele Häuser dem Erdbeben und dem darauf folgenden Feuer von 1906 zum Opfer gefallen sind, existieren heute noch 15 000 viktorianische Bauten in der Stadt.

Es gibt hier aber auch noch richtig alte Gebäude, was in den USA ja nicht so häufig vorkommt. Die Mission-Dolores-Kirche ist zum Beispiel ein richtiger Prunkbau, der schon 1776 von den Spaniern errichtet wurde. Im Gegensatz hierzu steht Downtown, das mir wie eine kleinere Variante seines New Yorker Gegenstücks vorkommt. Ich laufe durch tiefe Häuserschluchten, die in verschiedenen Jahrzehnten des 20. Jahrhunderts gebaut wurden. Die Transamerica Pyramid ist wohl das bekannteste Wahrzeichen in Downtown. Ich mache eine große Runde, die den ganzen Tag dauert, und komme dabei an der Golden Gate Bridge vorbei, an der zickzackigen Lombard Street und an den Cable Cars, die die steilen Berge hochkriechen. Es ist mild und sonnig, genau das Wetter, für das die Stadt bekannt ist.

Ich bin begeistert von San Francisco und würde am liebsten für immer hierbleiben. Aber mein Aufenthalt bei Kathrin und Thomas ist natürlich begrenzt, denn die Zeit drängt. Es ist jetzt Mitte August, und wenn ich es noch wirklich in die Antarktis schaffen will, muss ich bis zum 7. November in Ushuaia, der südlichsten Stadt von Feuerland, sein.

Vor der Reise, und auch unterwegs noch, habe ich E-Mails an Forschungsunternehmen, Wissenschaftler und Reiseveranstalter geschickt, um mich als Arbeitskraft auf einem Schiff zu bewerben. Die meisten haben nicht geantwortet oder abgesagt. Aber eine chilenische Reederei hat mir dann doch noch zugesagt. In der E-Mail hieß es, dass ich mit einem Eisbrecher in die Antarktis mitfahren könne, wenn ich an Bord mithelfen und das erste Schiff der Saison am 7. November nehmen würde. An dem Termin seien noch nicht so viele Touristen an Bord. Da ein anderer Termin ausgeschlossen ist, setze ich in San Francisco alles daran, dass ich in zwölf Wochen Ushuaia erreichen werde.

Für die nächsten Tage lege ich meinen Tagesablauf genau fest. Jeden Morgen stehe ich um sieben auf. Von neun bis zwölf Uhr sammle ich Essen. Ich nehme mir jeden Tag ein anderes Viertel vor, um nicht aus Versehen zweimal im selben Geschäft um Essen zu bitten – und um die Stadt noch besser kennenzulernen. So durchstreife ich innerhalb von zehn Tagen den Mission District der Alternativen und Künstler, den Castro District der Schwulen, Downtown um den Union Square herum, wo sich die Anzugträger befinden, das Haight-Ashbury-Viertel mit seinen Biomärkten für die Althippies, Ökos und Gesundheitsfanatiker. Es funktioniert, jeden Vormittag bekomme ich genug Essen, um mich den gesamten Tag zu ernähren.

Nachmittags steht Geld verdienen auf dem Plan. Ich brauche ein Flugticket nach Mittelamerika, denn nur mit einem gewagten Sprung über Mexiko, Nicaragua, Honduras, El Salvador, Belize und Guatemala ins amerikanische Urlauberparadies Costa Rica kann ich es schaffen, in zwölf Wochen das Schiff in die Antarktis zu bekommen. Außerdem ist momentan nicht die beste Zeit, um in diese Länder zu reisen, schon gar nicht ohne Geld: In Mexiko hat sich in letzter Zeit die Kriminalität gerade in Bezug auf Drogenhandel extrem verstärkt, und in Honduras hat letzten Monat erst ein Militärputsch stattgefunden.

Um nach Costa Rica zu kommen, brauche ich Geld. Aber woher soll ich welches bekommen? Ich überlege, was ich den Leuten spontan anbieten kann, denn leider bin ich in vielen klassischen Straßenkünsten ziemlich untalentiert: Singen kann ich nicht, malen war noch nie meine Stärke, und für Pantomime bin ich zu redselig. Also versuche ich mich am ersten Arbeitstag als »Hill Helper«. Ich male mein Angebot auf einen großen Karton, den ich vor meinen Bauch hänge. »Hill Helper for just one Dollar!« Damit stelle ich mich an einen der extrem steilen Hänge in San Francisco: Die berühmte Lombard Street, die Steve McQueen in dem Film »Bullitt« heruntergerast ist, scheint der beste Ort zu sein, da es hier eine Steigung von sage und schreibe 27 Prozent gibt. Die Touristen lachen und finden mein Serviceangebot durchaus interessant. Aber es gibt ein Problem, das ich nicht bedacht habe: Der Hill Helper schiebt die stöhnenden Touristen den Berg hoch, indem er sie mit seinen Händen am Rücken anfasst.

Das ist für viele Touristen zu viel Nähe zu jemandem, den sie nicht kennen. Deshalb zeigen mir viele den Daumen als Anerkennung für die gute Idee, stöhnen aber ohne meine Hilfe den Berg hoch. Einige Touristen lassen mich dann doch Hand anlegen, und ich schiebe Engländer, Franzosen und Deutsche die steilen Hügel hinauf. Sie dürfen sich dabei nach Lust und Laune zurücklehnen und ihr ganzes Gewicht auf meine beiden Hände legen. Jeder Dollar ist wahre Knochenarbeit. Einige Touristen überschreiten die 90-Kilo-Marke. Am Ende des Tages kommen gerade mal 30 Dollar zusammen.

Am zweiten Arbeitstag habe ich eine andere Idee. In Berlin habe ich mal bei einer riesigen Kissenschlacht in der Szenekneipe Bar 25 mitgemacht. Es war unglaublich, wie die coolen Berliner plötzlich bei einem infantilen Spiel alle Hemmungen fallen ließen und sich einfach große Kissen um die Ohren schlugen. Ob die Amerikaner genauso drauf sind?

In Thomas' und Kathrins Küche bemale ich ein großes Pappschild, das meinen kompletten Ober- und halben Unterkörper bedeckt. Die Aufschrift: »Pillow fight me – just for one dollar!« Die beiden leihen mir morgens ihre Kopfkissen und freuen sich, dass diese mal so richtig ausgeschüttelt werden. Kathrin rät mir, ins Hafenviertel zu gehen: Fisherman's Wharf gehört zu den größten Touristenattraktionen der Stadt. Bei meiner Ankunft sehe ich, dass es dort nur einen Bürgersteig von 30 Metern Länge gibt, auf dem Straßenkünstler erlaubt sind. Ich stelle mich neben die Hip-Hopper, Pantomime- und Farbsprühkünstler und Bettler mit ihren Schildern »please money for weed!« oder »please money for beer!«. Der neue Typ mit seinen beiden Kissen löst bei den meisten Straßenkünstlern zwar ein Schmunzeln über die ungewöhnliche Idee hervor, aber niemand hat Lust auf noch mehr Konkurrenz. Die Passanten strömen jedoch sofort auf mich zu. »Pillow fighting for a buck? That is so cool!« oder »Man, you're funny, just take two dollars!« sind Reaktionen, die ich bekomme. Viele Touristen scheinen regelrecht erleichtert zu sein, endlich von der langweiligen Sightseeingpflicht befreit zu sein. Eine Schulklasse der Mittelstufe bleibt stehen, und jeder muss sich unbedingt mit mir einmal richtig prügeln, inklusive Kissen natürlich. Als die Gruppe sich vollkommen außer Atem verabschiedet, drückt mir ein Schüler einen Fünfdollarschein in meine Spardose und sagt: »Take it, one day I want to be like you!« Oftmals kommen Männergruppen vorbei, die jemanden aus ihrer Gruppe ausmachen, den ich gegen einen schnellen Dollar mit meinem Kissen angreifen muss. Wann immer es einen Kampf gibt, bleiben Passanten stehen, die klatschen und mitfiebern. Später am Nachmittag wollen zwei Anzugträger, beide Ende 30, gegeneinander antreten. Ich finde es ziemlich lustig, zwei Dollar zu kassieren, ohne selbst kämpfen zu müssen. Die beiden prügeln mit den Kissen aufeinander ein, als hätten sie noch eine ungeklärte Angelegenheit aus der Welt zu schaffen. Bestimmt 50 Zuschauer fiebern mit, bis der Größere bei einem Fehlschlag hinfällt und von seinem Widersacher mit dem gegnerischen Kissen regelrecht gewürgt wird. Er liegt wie eine Schildkröte auf dem Rücken, kann sich nicht bewegen und bekommt auch keine Luft, bis es ihm schließlich gelingt, sich mit einem Tritt von seinem Gegner zu befreien. Ich lache, frage mich aber zugleich, was ich da ausgelöst habe.

Am nächsten Tag nehme ich mir den Golden Gate Park vor, der in seinen Ausmaßen und der Landschaftsarchitektur dem Central Park in New York ähnelt. An diesem Sonntag werde ich in 45 Kissenschlachten verwickelt, die mich stolze 68 Dollar reicher machen. Eine Gruppe von Collegestudenten bringt mir 18 Dollar auf einen Schlag ein. Sie zelebrieren die Kissenschlachten zwischen mir und ihrer Gruppe als eine Art olympische Disziplin. Es geht hier nicht um »Wigge versus Collegestudenten«, sondern um »Germany versus USA«. Ich muss fünfmal gegen verschiedene »Sportler« antreten. Der Rest der Gruppe jubelt und grölt jedes Mal für die United States. Sie formen Sprechchöre: »U-S-A, U-S-A!« Als ich mit einem der Mädels in eine intensive Kissenschlacht verwickelt bin, ruft einer der Studenten ihr zu: »Hit him for the bad Audi the Germans have sold me!« Der Rest der Gruppe lacht, und ein anderer Student fügt hinzu: »Hit him also for the VW Fahrgefühl!« VW hatte vor ein paar Jahren einen sehr erfolgreichen Werbefilm in den USA laufen, in dem das deutsche »Fahrgefühl« als eigenständiger Begriff in die englische Sprache eingeführt wurde. Das Wort bekam sogar Kultstatus in den USA, als dann Aufkleber mit ähnlich klingenden

Ausdrücken wie »fuck the fuel!« im ganzen Land verkauft wurden.

Deshalb greift der Rest der Gruppe diesen Ausdruck begeistert auf: »Yes, the Fahrgefühl was bad. Hit him for that fuckin' Fahrgefühl!« Ein weiterer Student fügt hinzu: »And the Germans loved David Hasselhoff! Punch him for that.« Es geht immer weiter so, ich bekomme weitere Schläge mit dem Kissen für die deutschen Bratwürste, für Boris Becker und für Schumis Erfolge.

Am nächsten Tag bestreite ich weitere 40 Kissenschlachten für 50 Dollar in einem kleinen Park in Downtown. Viele Berufstätige lassen sich auf eine kleine Kissenschlacht zwischen Computer, Sandwich und Businessmeeting ein. Ich treffe an diesem Tag aber auch noch Justin, der 23 Jahre alt ist und aus Florida kommt. Er reist seit einem halben Jahr durch die USA und lebt nun seit zwei Monaten als freiwilliger Obdachloser in Downtown San Francisco. Er ist fasziniert von meinen Kissenschlachten und möchte seine Reise ähnlich wie meine strukturieren. Pillow Fighting, Human Sofa und Hill Helper findet er viel cooler, als einfach zu betteln. Er erzählt mir, dass er auf der Suche nach dem Sinn des Lebens sei und deshalb sein bisheriges Leben hinter sich gelassen habe. Inzwischen habe er aber erkannt, dass die Obdachlosigkeit und das Betteln ihn spirituell auch nicht weiterbrächten. Er setze jetzt alles auf die Kissenschlachten. Ich wünsche ihm viel Glück dabei und freue mich, einen Sinnsuchenden inspiriert zu haben. Ob er wohl durchs Pillow Fighting erleuchtet wird?

An meinem nächsten Arbeitstag ist es leicht regnerisch, und ich komme nur auf 15 Dollar. Aber dann läuft es mit 40 Dollar und über 30 Kissenschlachten im Dolores Park im Mission District wieder besser. Der Mission District ist das Kreuzberg von San Francisco: ein multikulturelles Viertel, in dem sich viele Künstler niedergelassen haben. Die haben zwar nicht so viel Geld in der Tasche, sind dafür aber leicht für Kissenschlachten zu begeistern.

Mit jedem Kampf werde ich mehr zum Kissenschlachtexperten, am Ende kann ich sogar verschiedene Kampftechniken unterscheiden.

Windmühle: Der Kämpfer hält das Kissen in der rechten Hand und rotiert den Arm wie das Segel einer Windmühle. Durch diese Rotation gilt die *Windmühle* als eine sehr gefährliche Kissenschlachttechnik.

Schwertkampf: Hierbei wird zwar kein Schwert eingesetzt, dafür das Kissen aber in klassischen Schwertkampfpositionen auf den Gegner zubewegt, indem es von oben links nach unten rechts und oben rechts nach unten links auf den Gegner hin gestoßen wird.

Kugelstoßen: Bei dieser Technik stößt man das Kissen frontal dem Gegner in Gesicht, kein Schwingen, kein Ringen, kein Drehen. Einfach gerade rein. Diese Technik ist simpel, aber sehr effektiv, wie ich mehrmals zu spüren bekomme, nachdem ich beim ersten Schlag zu Boden gefallen bin.

Vortäuschen: Die Technik ist häufig im Dolores Park anzutreffen. Der Gegner täuscht vor, die *Wind-*

mühle, den *Kugelstoßer* oder den *Schwertkämpfer* zu machen, ändert aber blitzschnell die Strategie, wenn ich in die Defensive gehe. Dann wird meistens mit einer horizontalen Drehbewegung (der *Propeller*) angegriffen.

Würgen: Wie der Name schon sagt, wartet der *Würger* auf die Gelegenheit, sein Gegenüber mit dem Kissen regelrecht zu würgen, nachdem er ihn meistens durch *Vortäuschen* zu Boden gebracht hat. Diese Technik wird gerne von Frauen angewandt, deren Freundinnen die Würgetechnik mit Digitalkameras genauestens dokumentieren.

Als ich 300 Dollar zusammenhabe, beginne ich im Internet nach billigen One-Way-Tickets nach Costa Rica zu suchen. Die Flüge kosten alle zwischen 400 und 500 Dollar – mit einer Ausnahme: Für den 11. September finde ich einen Flug für knapp unter 300 Dollar. Anscheinend steckt der Schock des 11. Septembers 2001 den Amerikanern noch so tief in den Knochen, dass viele einfach an diesem Tag nicht mit einem Flugzeug fliegen möchten, sodass die Fluggesellschaften mit Sonderangeboten locken, um die Maschinen vollzubekommen. Ich buche einen Flug und frage mich, was ich in den zwei Wochen bis zum 11. September machen soll. Zufällig treffe ich Bryan und Murph wieder, zwei Amerikaner, Mitte 30, die ich beim Pillow Fighting kennengelernt habe. Sie wohnen beide eine Stunde von San Francisco entfernt in Vacaville, was übersetzt »Kuhdorf« heißt. Vielleicht erklärt das ihr Interesse an verrückten Geschichten. Ich erkläre ihnen, dass ich irgendwie die nächsten beiden Wochen füllen muss. Sie bieten mir an, ein Flugticket zu einem anderen Ort in den USA zu kaufen, wenn ich eine verrückte Gegenleistung erbringe. Als Erstes darf ich das Reiseziel auswählen. Ohne Zögern sage ich Hawaii. Schließlich habe ich so schnell nicht wieder die Möglichkeit, dorthin zu fliegen. Wir schauen nach den Flugpreisen. Sie bewegen sich zwischen 400 und 450 Dollar. Das ist für beide ein ziemlich teurer Spaß, dafür wollen sie etwas Besonderes sehen. Bryan schlägt vor, dass ich als eine Art Mutprobe nackt mit rosa Engelsflügeln über die Golden Gate Bridge laufen soll, während sie es filmen. Ich fände diesen Tausch eigentlich gar nicht so übel, gäbe es nicht YouTube und damit die Gefahr, dass das Video bis in alle Ewigkeit im Netz stehen würde. Wir gehen verschiedene Ideen durch, was ich noch für das Flugticket alles machen könnte. Es läuft auf immer abstrusere Sachen hinaus, sodass ich irgendwann den Gedanken an Hawaii aufgebe.

Am nächsten Tag treffe ich Murph wieder, und er ist voller Euphorie. Er hat mit seinem Vater gesprochen, der 25 Jahre als Pilot für United Airlines gearbeitet hat. Deshalb bekommt er viele Stand-by-Tickets angeboten, also Flugtickets, mit denen man umsonst fliegen darf. Allerdings geht man damit das Risiko ein, dass man auf dem Flughafen Stunden oder Tage warten muss, da man nur dann einen Platz bekommt, wenn die Maschinen nicht ausgebucht sind. In manchen Fällen ist es sogar so, dass die Fluggesellschaft einen speziellen Dresscode verlangt, da die

Möglichkeit besteht, dass man in die erste Klasse eingebucht wird. Aber ich muss nicht warten: Murph erzählt mir freudestrahlend, dass er für mich ein Ticket nach Honolulu bekommen habe, Abflug morgen früh. Ich kann diese Nachricht kaum glauben. Wie oft habe ich auf dieser Reise davon geträumt, es noch irgendwie nach Hawaii zu schaffen, auch wenn es von der Antarktis weit entfernt liegt. Hawaii ist für mich, wie wohl für viele in Deutschland, ein riesiger Traum, und ich kann mein Glück kaum fassen.

9

Trouble in Paradise
Hawaii

Auf den ersten Blick hält Hawaii, was es in den Reiseprospekten verspricht. Honolulu ist eine Großstadt mit fast 400 000 Einwohnern, die das Meer direkt vor der Tür haben. Am bekannten Waikiki Beach gehen die Touristen direkt von ihren Hotelzimmern an den 20 Meter entfernten Strand. Der feine Sand und das türkisblaue Wasser sind fast unbeschreiblich schön. Im Hinterland erstreckt sich eine Bergkette mit tropischer Vegetation, die Hawaii wirklich zum Paradies macht. Die Inselgruppe wurde von ihrem Entdecker James Cook »Sandwichinseln« getauft. Dies zu Ehren des Earls of Sandwich, der die Expedition mitfinanziert hatte, und nicht wegen des Hawaiitoasts, den ein deutscher Fernsehkoch in den Fünfzigerjahren erfunden hat.

Ich schlafe zwei Nächte bei Martin, der mir über die Couchsurfingseite sein Sofa angeboten hat. Er wohnt mit seiner Freundin in einem Schuhkarton, der stolze 1500 Dollar pro Monat kostet. Tagsüber ziehe ich durch Honolulu. Es scheint hier eine entspannte Hawaiimentalität zu geben, wo jeder einen Apfel oder eine Banane für hungrige Reisende übrig hat. Der Höhepunkt ist ein Besuch in einem der angesagtesten Restaurants am Waikiki Beach. »Would you have anything small to eat for someone who travels to the end of the world without money?«, frage ich den Manager höflich. Er überlegt kurz und reagiert: »Sure, I like your travel. Take a seat and please order!« Daraufhin darf ich mich an einen der noblen Tische setzen und bestellen, was ich möchte. Das Steak mit Gemüse und Beilagen lächelt mich auf der Karte am meisten an. Ich kann es kaum glauben, dass ich nun ein Gericht kostenlos bekomme, das auf der Karte für 48 Dollar ausgeschrieben ist. Die restliche Kundschaft ist eher seriös gekleidet, während ich schmutzige Shorts mit Badeschlappen trage. Sam, der Manager, setzt sich neben mich und erklärt mir, warum er so spontan zugesagt hat. »I like people who travel and see the world. It's an important part of life to become open minded and stop having prejudices against other cultures and races.« Ich denke, dass ich das nicht besser sagen könnte, und mache mich dabei über das riesige Steak und die Gemüsebeilagen her. Es sind mittlerweile schon Wochen vergangen, seit ich das letzte Mal Gemüse gegessen habe.

Später fahre ich mit Victor, einem 28-jährigen Couchsurfer, der mich bei sich schlafen lässt, zur North Shore. Hier gibt es einige Monate im Jahr perfekte Wellen. Victor erzählt mir, dass er deswegen nach Hawaii gezogen sei. Surfen ist der hawaiianische Breitensport schlechthin. Das Wellenreiten wird hier auch als der »Sport der Könige«

bezeichnet, da es einst den Herrschern vorbehalten war, aufs Brett zu steigen. Das Schweben über das Meer galt den wie Götter verehrten Monarchen als mystische Meditation. Heute geht es hier viel profaner zu: Die North Shore ist *die* Surferküste überhaupt und Austragungsort der berühmtesten Surfwettbewerbe weltweit, wie dem »Triple Crown of Surfing«. Victor ist selbstverständlich Profisurfer, er arbeitet und wohnt in einem Camp für Behinderte, das von der Heilsarmee geleitet wird. Ich darf mit dem Personal zu Mittag essen und bekomme mit, wie sich alle aufregen, dass am Strand ein paar Minuten lang ein nackter Mann zu sehen war. Erstaunlicherweise sind selbst die coolen Surfer höchst empört.

Ich sage Victor, dass ich auch gern mal surfen würde oder zumindest ein paar Fotos mit Surfbrett unter dem Arm für zu Hause machen will. Er guckt skeptisch. Aber am nächsten Morgen stehen wir beide früh auf und ziehen mit zwei Surfbrettern zum Strand. Zuerst zeigt sich Victor noch geduldig und erklärt mir, wie man auf dem Surfbrett stehen müsse. Ich falle immer wieder runter, gleite vom rutschigen Brett ab oder schaffe es überhaupt nicht erst, mich auf das Board hochzuziehen. Victor verzieht das Gesicht. Nach ein paar Minuten lässt er mich diskret mit dem Brett allein und krault mit anderen Surfern raus in die Wellen. Ich versuche es weiter, aber es wird definitiv nicht besser: abrutschen, hinfallen, untertauchen, nach Luft hecheln, über das Board robben, mit dem Board schmerzhaft

Mein neues Leben XXL:
　　　Überfahrt nach Kanada

　　　　　　　Walking on Sunshine:
　　Olympiastadion Montreal

Kein Bett im Kornfeld: Unterwegs in Ohio

Alles oder nichts: Einsatz in Las Vegas

Zeltplatz mit Aussicht: San Francisco

Morgenstund hat Sand im Mund:
Waikiki Beach, Hawaii

Blumenkind: Big Island, Hawaii

Oh, wie schön: Panama

Happy Meal: Geburtstagsessen in Peru

Auf der Suche nach der Fußgängerzone:
Unterwegs zum Machu Picchu

Andenromantik meets Touristenkitsch:
Peru

Schwankender Boden unter den Füßen:
Urosdorf auf dem Titicacasee

Ein Vorgeschmack auf das Ende der Welt: Atacamawüste in Chile

0,5 Einwohner/Quadratkilometer: Patagonien

Auch ohne Geld, aber sehr elegant:
Pinguine in der Antarktis

Ziel erreicht: Was jetzt?

umfallen, kurz auf dem Board stehen, um dann mit einem breiten Grinsen wieder herunterzufallen und wieder von vorn.

Ich werde von coolen Surfern beobachtet, die wohl so eine Peinlichkeit an der North Shore noch nie gesehen haben. Einer kommt zu mir ins kniehohe Wasser und fragt, ob ich gerade einen Film drehe oder warum ich mich so albern verhalte. Ich antworte, dass ich es noch nicht besser könne. Natalie, die ebenfalls surft und mit Victor befreundet ist, kommt zu mir rüber. Sie schaut sich mein Treiben grinsend an und bringt nur einen Satz heraus: »This is the weirdest thing I have ever seen!« Mit dieser Aussage findet meine bevorstehende Surfkarriere ein frühzeitiges Ende.

Ich habe sowieso noch etwas anderes zu erledigen: Meine Kleidung ist mittlerweile mal wieder ziemlich dreckig. Daher bleibt mir nichts anderes übrig, als meine Hose, T-Shirt, Unterhosen und Socken im Meer zu waschen. So knie ich mit meinen Klamotten an der heiligen North Shore und schrubbe die Kleidungsstücke sauber, so weit das im salzigen Wasser überhaupt möglich ist. Ich sehe, wie Victor aus der Entfernung den Kopf schüttelt, während er versucht, die nächste Welle mit dem Surfbrett zu reiten. Ein anderer Surfer geht an mir vorbei und lässt nebenbei fallen: »I never thought that the North Shore is part of India!«

Nach meinem Waschgang fällt mir auf, dass meine linke Socke vom Meer verschlungen wurde. Da ich nur ein Paar mitgenommen habe, muss ich wohl eine

Weile ohne auskommen. Waschen ist auf der ganzen Reise ein Problem gewesen. Nachdem die netten Amish meine ganze Kleidung gewaschen hatten, musste ich bis Las Vegas warten, bis sich die nächste Möglichkeit bot: die Badewanne des Rodeway Inn von David. Als ich dann äußerst stinkig in San Francisco angekommen bin, habe ich gehofft, direkt bei Kathrin und Thomas waschen zu können. Aber deren Waschmaschine war kaputt. Deshalb war es nun höchste Zeit.

Nach meinem Waschgang an der North Shore muss ich ein weiteres Problem lösen: Ich habe vor ein paar Tagen meine Zahnbürste verloren. Als ich bei Martin zu Gast war, blieb mir deshalb nichts anderes übrig, als heimlich seine Zahnbürste zu benutzen. Auch das entspricht eigentlich nicht meinen Hygienevorstellungen, war mir aber in dieser Situation ziemlich egal. Deshalb verbringe ich nun den Rest des Tages damit, durch den Ort Waialua zu ziehen, um nach einer Zahnbürste zu fragen. Die meisten Angesprochenen können mit meiner Geschichte nichts anfangen und gehen weiter. Nach dreistündiger Suche gehe ich in den einzigen Supermarkt der Stadt und frage die Kassiererin, die mich an den Abteilungsleiter weiterleitet, der mich wiederum zum Marktleiter schickt. Er hat Verständnis für meine Situation und versucht, mir die günstigste aller Zahnbürsten für einen Sonderpreis zu verkaufen, da mir ein Passant kurz vorher einen Dollar für eine Zahnbürste gegeben hat. Aber es reicht nicht. Das Günstigste, was mir der Manager anbieten kann, ist eine Zahnbürste für 1,79 Dollar. Er versucht, noch einen Mitarbeiterdiscount draufzuschlagen, mehr kann er nicht für mich tun. Nach längerem Überlegen hat er dann doch noch eine Idee. Er rennt in sein Büro, kramt in seiner Tasche herum und zieht eine nagelneue Zahnbürste heraus. Dabei erzählt er mir, dass er diese Woche erst beim Zahnarzt gewesen sei und es in den USA üblich sei, dass Patienten vom Zahnarzt bei Routineuntersuchungen eine Zahnbürste geschenkt bekommen. Glücklich verlasse ich mit neuer Zahnbürste den Supermarkt.

Alle Orte der Insel sind durch Busse untereinander verbunden. Man kann für gerade mal 2,25 Dollar die komplette Insel durchqueren. Ich schleiche mich heimlich in einen Bus und fahre zu Cassandra und ihrer elfjährigen Tochter Odessa, die an der Ostküste leben und mich für zwei Tage aufnehmen wollen. Die beiden leben in einem Häuschen am Strand. Es ist wie im Bilderbuch. Palmen hängen über den weißen Sandstrand, türkisblaues Wasser schwappt gegen die Felsen, und direkt hinter dem Haus erhebt sich ein über 500 Meter hoher Hügel, der mit Regenwald bedeckt ist. Als ich ankomme, sitzt Cassandra im Garten und spielt Ukulele, wie es sich wohl für eine Hawaiianerin gehört. Trotz meines ausgiebigen Waschgangs an der North Shore fragt Odessa ihre Mutter abends: »Why is he so stinky?« Cassandra ist das total peinlich und erklärt mit rotem Kopf, dass Odessa das über jeden sagen würde. Ich fürchte jedoch, Cassandra hat recht. Der Geruch ist aus den Klamotten einfach nicht mehr herauszukriegen. Nach dem Waschgang in Las Vegas und an der North Shore hatte ich nicht genug Zeit, die Kleidungsstücke ausgiebig trocknen zu lassen, und jetzt riechen sie muffig.

Meinen letzten Tag auf Oahu verbringe ich wieder mit Martin in Honolulu. Ich soll ihm bei seinem Umzug in ein neues Apartment helfen, dafür will er mir ein Flugticket auf die größte aller Hawaii-Inseln, »Big Island«, schenken. Der Umzug ist eine riesige Verbesserung für Martin, denn er tauscht sein 28-Quadratmeter-Apartment gegen ein 32-Quadratmeter-Apartment, das ebenfalls 1500 Dollar im Monat kostet. Während wir sein Sofa in das neue Apartment tragen, erzählt er mir, dass er vor 15 Jahren von Boston hierhergezogen sei, um sich seinen Traum vom Leben unter Palmen zu erfüllen. Er ist glücklich, das geschafft zu haben, bezahlt aber einen hohen Preis: Neben den extremen Lebenshaltungskosten hat er weitere Nachteile im Vergleich zu seinem alten Leben in Boston. Sein neuer Arbeitgeber gewährt ihm nur zehn Tage Urlaub pro Jahr, mehr gibt es auf Hawaii einfach nicht. Wer da nicht mitspielt, kann sich nach einem neuen Job umsehen, und die sind außerhalb der Tourismusindustrie rar. Er hat einen langweiligen Bürojob, der nicht einmal gut bezahlt ist. Für das Leben im Paradies nimmt er das aber alles in Kauf.

Die Nacht kann ich nicht bei Martin verbringen, da er mit dem Umzug zu viel um die Ohren hat. Dafür hat mir eine andere Couchsurferin namens

Noora ihr Sofa für die Nacht angeboten. Wir verabreden uns auf einer Gartenparty zwischen den Häuserschluchten von Honolulu. Insgesamt 40 Leute grillen, trinken und tanzen in einem kleinen Garten, der zu einem 30-stöckigen Apartmentkomplex in Strandnähe gehört. Leider taucht Noora nicht auf, sodass ich zu späterer Stunde verschiedene Partybesucher nach einem Sofa in ihrer Wohnung frage. Viele sind von meiner Geschichte ohne Geld begeistert, doch in ihre Wohnung möchten sie mich nicht lassen.

So bleibt mir nichts anderes übrig, als am Waikiki Beach, dem neben der Copacabana in Rio wohl bekanntesten Stadtstrand der Welt, zu campen. Dort genießen viele Touristen den Sternenhimmel bei einem Spaziergang. Ich baue mein Zelt auf und lege mich schlafen. Um Mitternacht wache ich auf, da eine Gruppe von betrunkenen Mittzwanzigern von einer Mauer hinter meinem Zelt unter Gegröle in den Sand springt. Einer der Typen landet mit einem Fuß auf meinem Zelt. Ich mache den Reißverschluss auf und schaue raus. Wir sind beide nur einen halben Meter voneinander entfernt und schauen uns verdutzt an, während er sich wankend aufrichtet. Wir wissen beide, wie bizarr unser zufälliges Zusammentreffen ist, und zeigen uns gegenseitig den Daumen als Zeichen der Anerkennung. Dann torkelt er hinter seinen Freunden her zum Wasser, um dort hineinzufallen. Ich schlafe wieder ein, bis ich um zwei Uhr morgens von ohrenbetäubendem Lärm geweckt werde. Ich springe aus meinem Zelt, winke dabei mit den Armen, um auf mich aufmerksam zu machen, und werde von drei riesigen Scheinwerfern geblendet. Ein gigantisches Etwas stoppt und dreht zwei Meter vor mir nach links ab. Es handelt sich um einen großen Traktor, der Reinigungsmatten für den Strand hinter sich herzieht. Ich kann ins Führerhaus schauen und erkenne einen Mann, der lacht und sich offensichtlich einen Spaß daraus gemacht hat, mir durch das dichte Auffahren Angst zu machen. Als ich nach diesem Zwischenfall um sechs Uhr wieder aufwache, merke ich, dass mir im Tiefschlaf der MP3-Player samt Kopfhörern von meinem Kopf weggeklaut wurde.

Am späten Vormittag fliege ich mit einer Propellermaschine über die Hawaii-Insel Maui zur Ostküste von Big Island. Diese Insel ist die größte, höchste und jüngste aller hawaiianischen Inseln. Ihr höchster Berg, der Mauna Kea, ist über 4200 Meter hoch, im Winter sogar mit Schnee bedeckt; Vulkane stoßen immer noch täglich Lava aus, die dann ins Meer fließt und die Insel stetig vergrößert. Außerdem gibt es auf Big Island ein einzigartiges Nahverkehrsnetz: Das Hele-On-Bussystem verbindet die Hauptorte Hilo und Kona, den Vulkanpark und den Großteil der restlichen Orte und Strände auf der Insel miteinander – und zwar gratis. Als ich mich umhöre, warum das so ist, werden verschiedene Gründe genannt: Die Bewohner der Insel seien arm und hätten kein Geld für ein eigenes Auto; es habe zu viele Probleme beim Trampen gegeben, einige Anhalter sollen spurlos verschwunden sein; so sollten Touristen angelockt werden. Mir ist es egal: Ich freue mich.

Ich lande im 40 000-Einwohner-Städtchen Hilo, das im Osten der Insel liegt. Weil die von Osten kommenden Wolken vor den Berghängen in Hilo abregnen, gilt die Stadt – mit 277 Regentagen im Jahr – als niederschlagsreichster Ort der USA.

Vor dem Abflug bin ich von vielen Leuten gewarnt worden, vorsichtig zu sein, da es häufig zu Spannungen zwischen den Einheimischen, also den Urhawaiianern, und den zugezogenen Weißen komme.

Die Gründe dafür, so wurde mir erklärt, lägen in der Geschichte begründet. Die Kanaka Maoli, wie sie sich selber nennen, sind eine Minderheit im eigenen Land. Die Inselgruppe wurde im Jahr 1778 von den Engländern entdeckt. In den Augen der Kanaka Maoli begann damit der Niedergang der hawaiianischen Kultur, denn schnell begannen die Eindringlinge, die Inseln im Namen der britischen Krone auszubeuten.

Im 19. Jahrhundert kamen die Amerikaner und wählten Hawaii zum Ausgangspunkt für ihre Geschäfte im restlichen Pazifik. Als sich die hawaiianische Königin Liliuokalani 1893 daranmachte, ihrem Land eine neue Verfassung zu geben, die mehr Macht am Königshof konzentrieren sollte, sahen die amerikanischen Handelsleute ihre Geschäfte gefährdet und stürzten die Königin mithilfe der US Navy. Seitdem ist das US-Militär präsent, wie man spätestens seit »Pearl Harbor« weiß. 1959 wurde Hawaii in die USA eingegliedert. Damit ist es der einzige amerikanische Bundesstaat mit einem echten Königspalast.

Die Kanaka Maoli stehen heute auf der untersten Stufe der Gesellschaft. Ihre Lebenserwartung ist gering, die Kindersterblichkeit hoch, die Schulabbrecherquote ebenfalls. Viele sind drogenabhängig. Das Leben im Paradies ist leider nicht für alle paradiesisch.

Am Nachmittag bin ich mit Jason verabredet, der vor Jahren von der amerikanischen Ostküste hierhergezogen ist, um sich ein Haus im Regenwald zu bauen und ohne Geld zu leben. Während ich an einer Straßenecke außerhalb Hilos auf ihn warte, hält ein Wagen an, aus dem mich zwei Einheimische grimmig mustern. Ich schaue weg und halte meinen Blick in der anderen Richtung, bis sie weiterfahren. Endlich kommt Jason mit seinem Truck, den er durch Tauschhandel bekommen hat. Wir fahren zusammen durch den Regenwald. Ich frage nicht, ob es klug war, dass ich mich auf dieses Treffen eingelassen habe, da ich ihn ja nur übers Internet kenne. Wir fahren immer tiefer in die Wildnis, bis wir zu einer Stelle kommen, die Jason gerodet hat, um dort sein Häuschen zu bauen. Sein Grundstück ist phänomenal. Er hat sich ein Holzhaus auf 1,50 Meter hohen Stelzen gebaut, bekommt seinen Strom von Solarzellen, säubert Flusswasser in einer eigens gebauten Reinigungsvorrichtung, duscht in einem unvorstellbar schönen Wasserfall direkt neben seinem Haus und ernährt sich aus seinem Obst- und Gemüsegarten. Jason lebt seit zwei Jahren ohne

Geld und hat trotzdem noch ein Handy und einen Pick-up-Truck. Er erzählt mir, dass er diese Sachen durch Tauschhandel bekomme, selbst sein Benzin. Wenn er Benzin für den Wagen braucht, lässt er seine Hunde eins der wild lebenden Schweine der Insel jagen und tauscht dieses bei einem befreundeten Tankwart ein. Genauso läuft es auch mit seinem Prepaidhandy. Er bekommt es von Freunden aufgeladen, wenn er ihnen genügend selbst angebautes Gemüse mitbringt. Jason und ich setzen uns auf eine Tasse Kaffee in sein Holzhaus und tauschen unsere Geschichten aus. Er erzählt mir, dass er am Anfang unseres Treffens angespannt gewesen sei, da er fürchte, dass Leute von der Lokalregierung ihn vertreiben könnten, weil er ohne Genehmigung gebaut habe. Ein Journalist könne da schnell eine üble Kettenreaktion auslösen.

Am gleichen Nachmittag besuche ich ein Künstlercafé in Hilo, das von einer jungen Einheimischen geführt wird. Auf Oahu habe ich ein paar Dollar geschenkt bekommen, die ich hier in einen Kaffee investiere – ich gebe sogar einen Dollar Trinkgeld! Mir fällt auf, dass die Besitzerin mich nicht begrüßt und sich auch nicht für das Trinkgeld bedankt. Als ich einen Stuhl verrücke, um mich bequemer hinzusetzen, fordert sie mich forsch auf, einen anderen zu benutzen. An diesem Punkt ist mir klar, dass es hier um die Auseinandersetzung zwischen Einheimischen und Zugereisten oder Zugezogenen geht und nicht um einen verschobenen Stuhl. Als ich meinen Laptop in die Steckdose am Tisch stecke, fordert sie mich auf, das Café zu verlassen und mein Gerät gefälligst zu Hause aufzuladen.

Die Kanaka Maoli wünschen sich, wieder in einem unabhängigen Land zu leben. Dafür ist nicht nur die Bronzestatue der letzten hawaiianischen Königin im Zentrum Hilos ein Symbol. Seit Jahrhunderten wird ihre Kultur von Engländern und Amerikanern unterdrückt. Im Gegensatz zu den Inuit in Alaska und den Indianern in den anderen Bundesstaaten haben sie keine Reservationen. Aber genau dafür kämpfen sie. Lange Zeit war der schwergewichtige Sänger Israel Kamakawiwo'ole das musikalische Sprachrohr der hawaiianischen Protestbewegung. Als »gentle giant«, also »sanfter Riese«, haben sie ihn bezeichnet, bis er 1997 an seiner chronischen Fettsucht verstarb. Er machte mit seinen Liedern die fast schon vergessene Sprache »Ōlelo Hawa« wieder populär. Ironischerweise ist sein größter musikalischer Erfolg ein englisch gesungenes Medley aus »Somewhere over the Rainbow« und »What a Wonderful World«, zwei amerikanischen Standards.

Der 50. Jahrestag der Eingliederung in die USA im Jahr 2009 war für die Hawaiianer kein Grund zum Feiern. Aber mit Barack Obama, der aus Honolulu stammt, haben sie nun einen wichtigen Verbündeten im Weißen Haus.

Am Abend übernachte ich bei Lacey Ann, einer Couchsurferin aus einer alten hawaiianischen Familie in Hilo. Sie lädt viele Ausländer und Weiße zu sich ein und stellt sie ihren einheimischen Freunden vor, um einen Beitrag zu einer Annäherung zu leisten. Sie kann sich selbst nur teilweise mit der amerikanischen Kultur anfreunden, sucht aber nach konstruktiven Lösungsansätzen. Ich treffe ihre Familie und ihre Freunde, die mich alle warmherzig empfangen. Doch während des Abendessens erzählt mir Ja, der Schwager von Lacey Ann, stolz, dass sein Urururururgoßvater Ende des 18. Jahrhunderts an der Ermordung des Entdeckers James Cook beteiligt gewesen sei. Ich halte es für einen Scherz, bis alle Verwandten im Raum ernst mit dem Kopf nicken. Einige schlagen als Zeichen des Stolzes die Hände zusammen. Sie sind auf die Tat ziemlich stolz, egal, ob es nun Jas Urururururgoßvater war oder nicht. Ich schaue im Internet nach, und tatsächlich wurde Captain Cook bei seiner dritten großen Expedition in den späten Siebzigerjahren des 18. Jahrhunderts von einem Mob Einheimischer auf Big Island getötet, weil er entgegen den Abmachungen mit den Einheimischen mit seiner Crew zur Insel zurückgekehrt war. Ein weiterer Grund mag die Tatsache gewesen sein, dass Cook und seine Männer Geschlechtskrankheiten auf die Insel mitgebracht hatten, denen die Hälfte der Ureinwohner zum Opfer fiel.

Am nächsten Tag treffe ich Veronica. Sie ist eine gute Freundin von Cassandra, bei der ich zwei Nächte auf Oahu übernachtet habe. Veronica nimmt mich mit in den Urwald der Region Puna, südlich von Hilo. Diese Gegend soll zu den berühmtesten Hippieregionen der USA zählen. Wir fahren mit ihrem Geländewagen mindestens eine Dreiviertelstunde über eine Schotterpiste durch dichte Vegetation, bis wir an unserem Ziel ankommen. Es ist ein 20 mal 15 Meter großes Haus ohne Wände, das von Hippies mitten in den Urwald gebaut wurde. Die Vegetation ist so dicht, dass die Bäume des Urwalds in das Haus hineinragen. Die Hälfte des Hauses ist mit flauschigem Teppichboden ausgelegt. Es ist die sogenannte Spielwiese. Auf dieser Spielwiese tummeln sich an diesem Abend an die 30 Hippies. Einige spielen Instrumente, andere machen Gymnastikübungen an Stofftüchern, die von der Decke hängen. Ein Hippie hängt an einem der Tücher kopfüber mindestens vier Meter über dem Boden und spielt dabei Saxofon in überaus professioneller Weise. Ein paar Leute sitzen auf der Spielwiese und malen Bilder, andere wiederum tanzen zur Musik. Zu diesem Treiben gibt es gedämpftes und eher psychedelisches Licht in schwachen Rot-, Grün- und Gelbtönen.

Den ganzen Abend wird nicht getrunken, nur wenig geraucht, und ich sehe auch keine anderen Drogen. Es wird kostenloses vegetarisches Essen gereicht. Ich bin zutiefst beeindruckt, dass ich an einem so künstlerischen, spannenden und friedlichen Ort gelandet bin. Zu später Stunde wird es aber doch noch etwas albern. Wir stehen alle im Kreis auf der Spielwiese, halten uns an den Händen, tanzen gemeinsam zur Musik und formen aus dem menschlichen Kreis ein Herz, dann wieder einen Kreis und schließlich wieder ein Herz. Kurz darauf gibt es eine Partnerübung mit sogenannten »energy hugs«. Ich stehe einem Typen in meinem Alter mit langen Haaren und

John-Lennon-Klamotten gegenüber. Wir werden angehalten, uns zu umarmen, um die Energie des Gegenübers zu spüren. Alles, was ich spüre, sind allerdings die Knöpfe seines Siebzigerjahre-Kordanzuges.

Gegen Mitternacht fahre ich zusammen mit Veronica und Natalie, einer Freundin von ihr, zurück. Während der Fahrt sitze ich hinten im Jeep und höre mir die Unterhaltung der beiden Frauen an. Es dreht sich, so wie es sich im Hippiejargon gehört, kontinuierlich um Energie, was pragmatisch wohl einfach als Sex übersetzt werden kann.

Veronica: Devan just got done massaging me in that place. He's given me so much energy.
Natalie: Energy is soooooo great. I've been getting so much energy from James. It's been sort of freaking me out though, because he's been getting kind of obsessed with me lately.
Veronica: You'd better be careful. Obsession can totally sap your energy.
Natalie: True, but there's also Marc, who totally gives me energy *on a regular basis.*
Veronica: What? Are you serious? So tell me, how was it the last time he gave you energy?
Natalie: He gave it to me straight through the night and into morning. It was amazing. Even better than what Blake and Dan could come up with.
Veronica: It sounds like you should get more energy from Marc. I'm lucky, I've been totally satisfied with the energy I've gotten from Devan and Tim lately.

Der Einzige, der an diesem Abend in der Punaregion wohl keine Energy bekommt, bin dann wohl mal wieder ich. Mit vielen Gedanken über die Energien dieser Welt schlafe ich allein ein.

Am nächsten Tag trampe ich weiter. Überall in der Landschaft steigen riesige Dampfwolken auf. Es ist ein unglaubliches Naturspektakel. Unter der vulkanischen Inselgruppe brodelt es immer noch gewaltig. Knapp 30 Kilometer südöstlich wächst sogar eine neue Insel heran. Sie hat auch schon einen Namen: Loihi. Zwar liegt Loihi noch knapp 1000 Meter unter dem Meeresspiegel, und man wird sie erst in ungefähr 20 000 Jahren sehen können, aber angeblich sind die Grundstückspreise auf Loihi heute schon unbezahlbar.

Auf dem Rückweg treffe ich Brandon, der mit Mitte 20 ebenfalls zu den Totalaussteigern gehört. Er sammelt seit über zwei Jahren seine Nahrung aus dem Urwald zusammen und verrät mir bereitwillig, wie er das macht. Mir fällt regelrecht ein Stein vom Herzen, da es außerhalb der Städte keine Geschäfte gibt, in denen ich nach Essen fragen könnte. Als Erstes nehmen wir uns die unzähligen Kokosnüsse vor, die an den Palmen wachsen. Am besten schmecken die Nüsse, die auf dem Boden liegen und schon etwa 30 bis 40 Zentimeter lange Keime haben. Wir schlagen sie mit einer Machete auf und kratzen die äußerst gut schmeckende Kokoscreme heraus. Danach erzählt mir Brandon, wie viele Fruchtsorten hier wild wachsen: Papaya, Mango, Banane – für jeden

Geschmack ist etwas dabei. Wir gehen durch Wälder und Wiesen und sammeln verschiedene essbare Blumen. Sie sehen alle sehr hübsch aus, eigentlich viel zu schade zum Aufessen – aber wir haben großen Hunger! Über 50 000 Pflanzenarten soll es einmal auf Hawaii gegeben haben. 2000 verschiedene sind es heute noch, und wenn ich noch mehr von diesen fast orchideenartigen Blüten verspeise, könnten bald nur noch 1999 übrig sein. Dank Brandon ernähre ich mich die nächsten Tage ausschließlich von Obst, Blumen und Beeren aus dem Urwald. Eine willkommene und vor allem gesunde Abwechslung zu meinem sonstigen Ernährungsplan.

Am vorletzten Tag meines Hawaiibesuchs nehme ich mir noch vor, eine der größten Attraktionen der Big Island zu besuchen: den über 4200 Meter hohen Mauna Kea. Auf diesem erloschenen Vulkan sind viele Teleskope errichtet worden. Aber nicht nur der Blick in das Weltall ist dort oben ausgezeichnet. Auch die Aussicht auf Hawaii und den Pazifik soll vom Gipfel fantastisch sein. Kein Wunder, dass Touren auf den Berg 200 Dollar kosten. Ich könnte zwar von Hilo aus über die Sattle Road auf den Gipfel trampen, entscheide mich aber wegen der Geschichten über die verschwundenen Anhalter dagegen. Da ich noch etwas Geld vom Pillow Fighting übrig habe, will ich lieber versuchen, mit einem Taxifahrer einen Sonderpreis auszuhandeln. Also spreche ich Albrecht an, einen Taxifahrer, der 1969 von Berlin nach Hawaii gezogen ist.

Er ist damit einverstanden, mich zu einem Sonderpreis bis zum Touristencenter auf halber Höhe des Mauna Keas zu fahren. Unterwegs erzählt Albrecht mir von seinem Leben. 1969 hat er seine Koffer gepackt, ist nach Hawaii gezogen, kurz darauf hat er eine Koreanerin geheiratet und mit ihr drei Kinder bekommen. 15 Jahre später ist sie mit einem anderen Mann durchgebrannt und hat ihn und die Kinder sitzen lassen. Als er dann auch noch seinen Job als Mechaniker verlor, musste er sein Haus in Honolulu verkaufen und mit den Kindern in eine schäbige Vorortsiedlung umziehen. Seitdem lebt er vom Taxifahren. Heute ist Albrecht 73 Jahre alt, bekommt ein wenig Rente aus Deutschland, muss aber noch 2000 Dollar monatlich durchs Taxifahren hinzuverdienen, um bei den hohen Lebenshaltungskosten über die Runden zu kommen. Er arbeitet täglich zwölf Stunden, um genügend Geld heranzuschaffen. Albrecht erzählt mir wehmütig, dass er lieber wieder in Berlin wäre, da ihm die deutsche Geselligkeit auf Hawaii fehle. Ein schönes Bier am Stammtisch mit ein paar alten Kumpels, das wäre sein größter Wunsch. Da seine drei Kinder nun aber alle auf Hawaii verheiratet sind und ihre eigenen Familien gegründet haben, bleibt ihm nichts anderes übrig, als hierzubleiben und weiterzuschuften.

Vom Touristencenter trampe ich dann doch weiter in Richtung Gipfel. Die Vegetation verändert sich von Meter zu Meter, und auf 3500 Meter Höhe durchbreche ich die Wolkendecke. Oben auf dem Mauna Kea ist die Aussicht wirklich einzigartig. Ich schaue über die Nachbarinsel Maui weit über den Pazifik. Die Luft ist äußerst dünn, und jeder Schritt ist anstrengend – aber der Blick ist es wert.

Am nächsten Morgen fliege ich von Hilo zurück nach San Francisco. Bei meinem Zwischenstopp auf Honolulu regnet es. Das ist nichts Ungewöhnliches. Es regnet hier häufig, aber immer nur kurz. Und sanft, wie aus den Wasserdüsen über den Obsttheken der Supermärkte. Die Einwohner haben für diesen Regen, den es nur in der Umgebung der Hauptstadt gibt, einen besonderen Namen: flüssiger Sonnenschein.

Schweren Herzens verabschiede ich mich von Hawaii und steige in die Maschine nach San Francisco. Es bleiben mir immer noch vier Nächte bis zu meinem Weiterflug nach Costa Rica. Ich logge mich ins Internet und google ein bisschen, vielleicht gibt es ja in San Francisco Gruppen oder Institutionen, die kostenlose Übernachtungsmöglichkeiten anbieten. Ich finde wenig: Der Club der Kriegsveteranen, der Verein der bisexuellen Frauen und die Selbsthilfegruppe der exzessiven Raucher scheinen mir nicht die richtigen Ansprechpartner zu sein. Dann stoße ich aber auf den Hare-Krishna-Tempel in Berkeley. Schnell bekomme ich eine Antwort auf meine E-Mail. Sie laden mich ein, die nächsten Tage bei ihnen zu verbringen.

Die Tempeljünger begrüßen mich in weißen Gewändern. Ihre Köpfe sind teilrasiert, sie tragen lustige Zöpfe an der Seite, und auf der Stirn haben sie sich goldene Pinselstriche gemalt. Ich lerne den Leiter kennen, der sich Gran Torasch nennt. Er gibt mir ein Bett in einem großen Schlafraum und lädt mich zu zwei Mahlzeiten am Tag ein. Während wir vor der Krishna-Statue knien, erzählt er mir, dass die Anhänger der Gruppe das Leben ohne Geld gut kennen, da sie ihren Besitz an die Glaubensgemeinschaft abtreten würden. Für sie steht Eigentum starkem Glauben entgegen. Er sieht in meiner Reise ohne Geld eine sehr spirituelle Tat, die mich näher an Gott bringen wird und Unreinheiten beseitigt. Ich bin mir nicht sicher, ob das stimmt, aber ich denke tatsächlich immer mehr über den Stellenwert von Besitz in meinem Leben nach, vor allem die Zeit auf Hawaii hat mich beeindruckt. So viele Menschen haben mir schon etwas gegeben, ohne eine Gegenleistung zu erwarten. Ich würde mich zwar nicht als geizig bezeichnen, ertappe mich im alltäglichen Leben aber häufig dabei, im Kopf Einnahmen-Ausgaben-Rechnungen zu machen. Die Unterstützung, die ich seit Wochen von Wildfremden erfahre, möchte ich zurückgeben, auch wenn das erst nach der Reise möglich sein wird. Glaubt man den Medien oder hört man auf das, was viele Menschen in Deutschland sagen, ist die Welt schlecht, voller Gewalt und Egoismus. Meine Reise wäre aber gar nicht möglich, wenn das so wäre. Seit Wochen stoße ich auf Menschen, die mir helfen, die mich unterstützen, die mir zu fantastischen Erlebnissen verhelfen – einfach so. Ich bin dankbar und nehme mir vor, nach meiner Heimkehr anderen Menschen zu zeigen, dass die Welt besser ist, als viele denken.

Abends versammeln wir uns vor der Krishna-Statue im »Chantingraum«. Alle verbeugen sich vor Krishna, der übrigens halb Mann, halb Frau ist, und singen immer wieder »Hare, hare Krishna, hare, hare, hare, hare!« Ich mache einfach mit, es hilft mir zu entspannen. Ich merke, dass ich nach drei Monaten langsam einen kleinen Durchhänger bekomme. Dank der Vollpension im Tempel kann ich es mir leisten, tagsüber in Berkeley herumzusitzen, ohne mich um Essen oder Geld oder ein Bett kümmern zu müssen.

Berkeley liegt nur zehn Kilometer von San Francisco entfernt und ist berühmt für seine Universität, die UC Berkeley, und seine Protestkultur, die hier seit Ende der Sechzigerjahre eine Heimat gefunden hat. Es ist ein äußerst liberaler Ort, an dem jeder alles aussprechen kann. Als ich nachmittags auf dem Campus herumsitze, kann ich dies eindrucksvoll beobachten. Eine verschleierte Frau tritt mit drei Statisten auf, die mit orangefarbenen Anzügen, Handschellen und schwarzen Säcken über den Köpfen als Guantánamo-Häftlinge verkleidet sind. Die verschleierte Frau ruft plötzlich: »Osama is our god!« und »Your fucking president!« Dabei springt sie wild umher, schmeißt sich auf den Boden, stellt sich tot, springt wieder auf und beginnt wieder zu schreien. Die in der Nähe stehenden Polizisten und Studenten zeigen keine Regung. So sehr sie versucht zu provozieren, niemand fühlt sich angegriffen. Es scheint, als sei in Berkeley einfach jede Form des Protests möglich. Hier bringt man niemanden aus dem Konzept.

Das muss auch die verschleierte Frau feststellen und zieht enttäuscht mit ihren Statisten wieder ab.

Die letzten beiden Tage vor meinem Abflug nach Costa Rica verbringe in bei Murph und Bryan in Vacaville, etwa eine Autostunde von San Francisco entfernt. Murph holt mich mit dem Wagen ab. Bei ihnen habe ich zum Glück wieder freie Kost und Logis. Ich treffe auch Murphs Vater und bedanke mich bei ihm für die Hilfe mit dem Flug. Bryan kann ich sogar einen Gefallen tun. Er unterrichtet Geografie und Geschichte an einer Highschool und fragt mich, ob ich ihn im Unterricht unterstützen könne. So werde ich in drei seiner Klassen ein Gastspiel als Lehrer für einen Tag geben: Ich soll von meiner Reise erzählen und auf unterhaltsame Art und Weise Geografiekenntnisse vermitteln.

Bryan beginnt seinen Unterricht, und ich warte hinter der Tür. Er fragt die 16-Jährigen Schüler, ob sie schon mal einen Deutschen getroffen hätten. Die ganze Klasse schweigt und schüttelt den Kopf. Plötzlich ruft ein Schüler in die Klasse: »I have seen pictures of Adolf Hitler!« Als alle lachen, komme ich rein und frage die überraschten Schüler auf Deutsch: »Guten Morgen, was geht denn in Amerika ab?« Die Schüler lachen erneut, denn sie verstehen nur Bahnhof und finden das ziemlich lustig. Danach ist ihre Neugierde kaum zu bremsen, und sie fragen mir Löcher in den Bauch. Nach dem erfolgreichen Auftritt als Gastdozent in der Vacaville High bringt mich Bryan abends zum San Francisco International Airport.

Als ich auf den Flug warte, rechne ich nach und stelle fest, dass ich schon über 20 000 Kilometer hinter mich gebracht habe. Das lässt sich doch sehen. Aber jetzt wartet Lateinamerika. Und das ist eine ganz andere Nummer.

10

Auf der Flucht vor Dr. Glück
Costa Rica–Panama

Obwohl ich auf meinem Flug nach Costa Rica zweimal innerhalb den USA umsteigen muss, verläuft die Reise schnell und problemlos. Es ist ein komisches Gefühl, an einem Tag eben mal in die Rocky Mountains und an die Südostküste der USA zu fliegen, wo es doch Wochen gedauert hat, mich nach Westen durchzukämpfen. Fliegen ist natürlich viel entspannter – es ist aber auch entsprechend langweiliger.

Als ich nachmittags in San José, der Hauptstadt Costa Ricas, lande, ist die Spannung schnell wieder da. Ich habe keine Unterkunft für die Nacht, und die Parks laden nicht gerade zum Übernachten ein. Zwar hat San José gerade mal 340 000 Einwohner, was im Vergleich zu lateinamerikanischen Städten wie Caracas oder Mexiko-Stadt ein Dorf ist, aber es gibt eine sehr hohe Kriminalitätsrate. An einem Zeitungsstand sehe ich die Titelseite einer Boulevardzeitung. Darauf ist die Nahaufnahme einer Leiche abgedruckt. Ich blicke auf einen entstellten Mann, der mehrere Schüsse in den Oberkörper und sogar ins Gesicht bekommen hat und in einer riesigen Blutlache liegt. Anscheinend ist die Presse hier rücksichtsloser als in

Europa, wo brutale und geschmacklose Bilder nicht abgedruckt werden. Ich lese die Überschrift zu diesem Foto und kann nur ein Wort übersetzen: »Violencia«, »Gewalt«. Ich werde nervös, denn ich weiß immer noch nicht, wo ich schlafen soll, nachts ohne Geld durch San José zu irren möchte ich vermeiden. Im Gegensatz zur Hauptstadt hat der Rest des Landes aber einen guten Ruf. Costa Rica wird oftmals als »die Schweiz Mittelamerikas« bezeichnet, zum einen, weil es mit seinen Bergen und Wäldern einer tropischen Schweiz entspricht. Zum anderen, weil es hier wirtschaftlich stabil und relativ friedlich zugeht. 1983 hat der damalige Präsident Álvarez die dauerhafte und aktive Neutralität ausgerufen, was wohl zu einer relativen Ausgeglichenheit in der Bevölkerung beigetragen hat. Deshalb bin ich zuversichtlich, mich außerhalb der Hauptstadt per Anhalter gut durchschlagen zu können.

Ich habe über Couchsurfing 20 Anfragen für Übernachtungen in Costa Rica und Panama abgeschickt, aber nur eine einzige Zusage bekommen: in Panama-Stadt. Deshalb bleibt mir jetzt wohl nichts anderes übrig, als mich von San José sofort zu verabschieden und in die Hauptstadt Panamas zu reisen.

Das Trampen läuft in Costa Rica zum Glück besser als in den USA. Trotzdem ärgere ich mich, dass ich nicht etwas mehr Pillow Fighting in den USA gemacht habe. Ein Busticket von San José nach Panama-Stadt kostet nur 30 Dollar. Das wären lächerliche drei Stunden Pillow Fighting in San Francisco gewesen. Im Laufe des Tages werde ich von mehreren Autos, Trucks und Bussen mitgenommen, sodass ich gerade mal zwei Tage brauche, um Panama-Stadt zu erreichen. Es ist ein Tramp-Marathon mit wenig Schlaf. Die erste Nacht verbringe ich in einem LKW, der die Küste Costa Ricas entlangfährt. Tagsüber werde ich von verschiedenen Autos, einem Schulbus und einem Colectivo, also einem privaten Minibus, mitgenommen. Diese Minibusse sind normalerweise für maximal zehn Personen gebaut, werden aber gern mit bis zu 20 gefüllt.

Im südlichen Costa Rica ist gerade Regenzeit, sodass es in stündlichen Abständen zu Platzregen kommt. Die Straßen, die zum Teil nicht geteert sind und große Schlaglöcher haben, verwandeln sich dann in wenigen Minuten in riesige Seen beziehungsweise ganze Flüsse. Ich muss mich immer wieder unterstellen, um den Regen abzuwarten. Dabei habe ich Zeit, mir das Straßenleben anzuschauen. Costa Ricas Dörfer und Städte sind lebhaft, die Menschen kaufen gern bei Straßenhändlern ein, sie essen und trinken an Verkaufsständen im Freien.

Später komme ich an fast 4000 Meter hohen Bergen vorbei, die größtenteils mit Regenwald bedeckt sind. In einer Broschüre lese ich, dass 27 Prozent der Fläche Costa Ricas unter Naturschutz stehen. Im Südosten des Landes fahre ich direkt an der Küste entlang, die Traumstrände mit Palmen bietet.

Vor Einbruch der Dunkelheit schaffe ich es bis zur Grenze nach Panama. Dort verbringe ich die Nacht auf einem Busbahnhof. Die zwölf Stunden auf den harten, unbequemen Bänken im Warteraum nehme ich gerne in Kauf, da ich von hier eine kostenlose Fahrkarte für den Überlandbus nach Panama-Stadt bekommen habe. Die 50 Plastiksitze sind alle auf einen großen Fernseher gerichtet, auf dem eine endlose Werbeschleife läuft. Die meisten Spots sind vom örtlichen Schönheitschirurgen, Dr. Paul Alegria – was so viel heißt wie »Dr. Glück« –, gekauft worden, der alle zehn Minuten lautstark die Vorzüge seiner Schönheitsoperationen durch den Warteraum ruft. Dr. Glück scheint ein sehr ambitionierter Schönheitschirurg zu sein, da er neben Nasen-, Augen- und Brust-OPs auch noch Hintern verschönert und bei Männern Silikon als Brust- und Bizepsmuskeln einsetzt. Die OPs propagiert er immer genau in dem Moment, in dem ich einschlafe: Ich werde unzählige Male durch die Schlagworte »operación« und »Dr. Alegria« aufgeweckt oder besser gesagt aufgeschreckt. Hinzu kommt, dass eine Klimaanlage den Warteraum auf antarktische Kälte hinunterkühlt. Ich ziehe fast alles an, was ich mithabe, aber trotz Pullover, Jacke und drei T-Shirts zittere ich am ganzen Körper.

Kurz vor dem Einstieg in den Überlandbus am nächsten Morgen frage ich die Dame am Ticketschalter, warum sie mir eigentlich ein kostenloses Ticket ausgestellt hat. Sie sagt, dass sie in sehr ärmlichen Verhältnissen aufgewachsen sei und als Kind oftmals morgens nicht gewusst habe, was sie mittags essen solle. Ihr haben damals viele Leute geholfen. Verwandte, Bekannte und Nachbarn waren für sie da, bis sie ihr eigenes Geld verdienen konnte. Deshalb möchte sie anderen Menschen etwas zurückgeben.

Im Überlandbus nach Panama-Stadt ist es genauso kalt wie im Wartesaal. Eine brandneue Klimaanlage läuft auf Hochtouren. Immerhin gibt es hier keinen Dr. Glück – dafür jedoch eine Stereoanlage, aus der acht Stunden lang die Bässe knallen. Man beschränkt sich hier auf wenige Lieder, die ähnlich wie Dr. Glücks Werbefilm in einer Schleife laufen. Das meistwiederholte Lied ist ein aktueller Hit aus Panama, der Salsa, Reggaeton, Pop und Hip-Hop vereint. Ich höre aber die ganze Zeit nur »Humba, Humba, Täterä« heraus.

Neben mir sitzt Roger, ein 52-jähriger US-Amerikaner, der vor sechs Monaten nach Panama ausgewandert ist. Er ist auf der Flucht. Nicht vor der Polizei, sondern vor der Schweinegrippe, da er sich nicht dagegen impfen lassen will. Er ist von einem Komplott zwischen der US-amerikanischen Regierung und der Pharmaindustrie überzeugt: Die Impfung solle weitere Krankheiten auslösen, dank derer die Pharmaindustrie und hohe Regierungsbeamte noch reicher würden. Deshalb hat er seine Schmetterlingssammlung in den USA verkauft und ist nach Panama-Stadt übergesiedelt. Als ich vorsichtige Skepsis äußere, lächelt er nachsichtig, weil ich noch zu jung bin, um das alles zu verstehen. Es wird eine sehr lehrreiche Reise, denn ich erfahre, welche Parallelen es zwischen der US-Regierung und dem Naziregime gibt, dass sein Opa in den Vierzigerjahren ein Ufo gesehen hat und dass der Weltuntergang bevorsteht.

Er holt eine Bibel aus der Tasche und schlägt verschiedene Stellen auf, die diesen belegen sollen. So zeigt er mir in Matthäus 24,3 die Textstelle »last days of a wicked world« oder bei Daniel 2,44 die Stelle, wo »Gods government taking over« geschrieben steht. Als sich unsere Wege in Panama-Stadt trennen, rät er mir noch, in Zukunft mit offenen Augen durchs Leben zu laufen.

Panama-Stadt erinnert an Miami. Unzählige Hochhäuser reihen sich an der Küste, überall gibt es amerikanische Fast-Food-Restaurants. Das Land ist schon lange auf die USA ausgerichtet. Die US-Amerikaner besetzten Panama Anfang des 20. Jahrhunderts und veranlassten die Loslösung von Kolumbien. Anschließend begannen sie, den Kanal zu bauen, der 1914 eröffnet wurde. Die Einnahmen aus den Gebühren (Schiffe zahlen ordentlich, um nicht um ganz Südamerika herumfahren zu müssen) haben sich auf das Einkommen ausgewirkt. Während der durchschnittliche Monatslohn in Costa Rica nur 400 Euro beträgt, sind es in Panama fast 1000 Euro im Monat.

Die Ausrichtung auf die USA und die damit verbundene Distanzierung von Kolumbien haben dazu geführt, dass es keinen Grenzübergang zwischen den beiden Ländern gibt. Panama und Kolumbien sind durch das sogenannte »Darién-Hindernis« voneinander vollkommen getrennt: Dabei handelt es sich um ein fast 200 Kilometer breites Stück Urwald, es ist die letzte Lücke der Panamericana, der Autostraße, die Alaska mit Feuerland verbindet. Leider erschwert diese Lücke meine Reise von Panama nach Kolumbien erheblich. Ich frage Einheimische, ob es irgendeinen kleinen Grenzübergang für Touristen gibt, an dem man es versuchen könnte. Aber alle schütteln energisch den Kopf. Jeder, der sich in die Darién-Region wagt, ist lebensmüde, da er Gefahr läuft, in die Hände von kolumbianischen Rebellen oder Drogenschmugglern zu fallen.

Aber erst einmal bleibe ich bei Roger, der sich auf meine Couchsurfinganfrage gemeldet hat. Die Hausschlüssel finde ich in seinem Briefkasten. Ohne dass er mich jemals getroffen hat, lässt er mich fünf Tage in seinem Haus wohnen und seinen Kühlschrank leer essen. In Lateinamerika begeistern sich leider viel weniger Leute für Couchsurfing als in Nordamerika, aber wenn dann mal einer zusagt, scheinen die Gastfreundschaft und das Vertrauen grenzenlos zu sein. Sein Haus, mit unzähligen Metallgittern und Zäunen abgesichert, bietet Waschmaschine, Trockner, 500 Fernsehprogramme und vor allem: Internet. In Ruhe versuche ich das Problem mit dem Grenzübergang zu lösen. Ich wende mich an die deutsche Botschaft. Als ich in einer E-Mail mein Problem schildere, bekomme ich sofort eine Antwort. Schon am nächsten Tag sitze ich in einem Büro der deutschen Botschaft. Auf einem Telefon vor mir steht auf Deutsch: »VORSICHT, dieses Telefon ist nicht geschützt. ABHÖRGEFAHR!« Ich frage mich, ob ich gleich den James-Bond-Multifunktions-Kampfanzug für die Darién-Region geschenkt bekomme oder vielleicht von einem GSG9-

Sondereinsatzkommando durch den Urwald geführt werde. Dazu kommt es nicht, ich werde stattdessen dem deutschen Botschafter vorgestellt. Er hat ein beeindruckendes Büro mit einer Fensterwand, durch die man die faszinierende Skyline der Stadt sieht.

Der Botschafter begrüßt mich freundlich und fragt interessiert nach meiner Reise. Warum machen Sie das? Was arbeiten Sie sonst in Deutschland? Wie ist die Reise bislang gelaufen? Macht das Spaß? Haben Sie keine Angst?

Ich gerate ein bisschen ins Stottern, als ich seine Fragen beantworte, ich merke, dass ich aufgeregt bin – immerhin ist er der deutsche Botschafter. Er erzählt, dass am kommenden Sonntag anlässlich der Bundestagswahlen eine Gartenparty in der »Residencia Alemana« stattfinden werde. Das will ich mir nicht entgehen lassen und biete an, als Butler mitzuarbeiten.

Als ich am Wahltag vor dem Tor der Residencia stehe, erwartet mich ein großes gelbes Schild mit dem Bundesadler und der Aufschrift »Bundesrepublik Deutschland«. Da betrete ich nun mitten in Panama deutschen Boden. Hinter dem Tor befindet sich ein stattliches Anwesen mit Schwimmbad, großem Eingangsbereich und einem geräumigen Wohn- und Empfangsraum. Die Residencia ist stilvoll eingerichtet. Auf der Gartenparty trage ich als Butler ein weißes Hemd mit Stehkragen, eine silbergraue Weste, eine schwarze Fliege und eine schwarze Hose. Ich bediene die Gäste mit einem silbernen Tablett. Hauptsächlich serviere ich Rosé- und Weißwein, während im Hintergrund Guido Westerwelle auf mehreren Fernsehern per DW-TV seinen Wahlsieg mit Angela Merkel feiert. Die Gattin des Botschafters nimmt mich zur Seite: Meine Gläser sind nicht richtig gefüllt. Weingläser dürfen nicht halbvoll und auch nicht zweidrittelvoll sein, sie müssen genau das Füllvolumen von 55 Prozent haben. Die Gattin ist Französin, und deshalb gebe ich ihr bei der Weinabmessung widerstandslos recht. Doch wie soll man als Butler an einem einzigen Mittag lernen, wie viel nun genau 55 Prozent eines Weinglases sind? Ich werde bestimmt weitere zehn Mal von der Botschaftergattin höflich, aber bestimmt darauf hingewiesen, dass die Weingläser entweder ein bisschen zu voll oder zu leer, aber keinesfalls richtig gefüllt sind. Ich gebe mein Bestes, die 55-Prozent-Marke exakt zu treffen und durch die unzähligen Fehlversuche nicht nervös zu werden. Zwischenzeitlich gelingt es mir, aber dann stolpere ich, als ich gerade die Gattin des französischen Botschafters bediene. Der Wein schwappt aus dem Glas, und so werden aus den 55 schnell nur noch 47 Prozent. Die Gäste schauen etwas pikiert, aber ein kölscher Geschäftsmann fängt die Situation auf und ruft in die Menge: »Dä Jung krischt dat schon hin!« und lacht. Die Gattin des französischen Botschafters lächelt; der Botschafter wird allerdings etwas nervös, er ist sich wohl nicht so sicher, was ich im Schilde führe. Ich verspreche, nur die Wahrheit zu schreiben und auch zu erwähnen, dass er mich aus eigener Tasche bezahlt und keine Steuergelder verplempert.

Später lerne ich auf der Party Herrn Förster kennen. Er ist Agent für deutsche Opernsänger und stellt gerade in Panama-Stadt die Uraufführung von Mozarts Zauberflöte auf die Beine. Für seine Aufführung fehlt ihm noch ein Chorsänger – beziehungsweise ein Statist, der im Kostüm auf der Bühne den Mund auf- und zumacht, ohne einen Laut von sich zu geben. Dumm rumstehen und den Mund aufmachen kann ich gut, also nehme ich sein Angebot an und stehe noch am selben Abend zwischen neun weiteren Chorknaben auf der Bühne des Staatstheaters. Es sieht aus wie ein altes Theater aus Deutschland oder Österreich mit Sitzlogen für drei bis vier Personen an den hohen Seitenwänden, viele Verschnörkelungen sind vergoldet und die Sitze aus rotem Stoff. Die Decke ist mit Engeln, Wolken und Figuren bemalt, wie es Michelangelo wohl nicht besser hätte hinkriegen können.

Die Aufführung verläuft problemlos. Die Chorknaben singen, ich mache stumm den Mund auf und zu. Herr Förster steht hinter einer Verkleidung und gibt mir Zeichen, wie ich mich verhalten soll, er scheint den Verdacht zu haben, dass ich etwas tollpatschig bin. Das ist nicht unbegründet, denn beim Gang von der Bühne trete ich auf meinen Umhang, sodass ich kurz stehen bleibe. Der Chorknabe hinter mir läuft direkt in mich hinein. Ich blicke kurz in das entsetzte Gesicht von Herrn Förster, das sich erst wieder entspannt, als wir Chorknaben endlich von der Bühne abgegangen sind.

Mit dem Geld, das ich an diesem Tag verdient habe,

buche ich einen Flug. Die kolumbianische Fluggesellschaft Avianca hat ein Sonderangebot: Mein Geld reicht für ein Ticket bis Lima! Der Flug erspart mir über 3500 Kilometer anstrengenden Landweg durch Kolumbien, Ecuador und das nördliche Peru, insgesamt also zwei ganze Reisewochen. Das entspannt mich erst einmal, schließlich habe ich nur noch sechs Wochen Zeit. Trotzdem werden es von Lima aus immer noch fast 7000 Kilometer bis nach Feuerland sein, die ich durch die Anden, die Atacamawüste in Chile und das winterlich kalte Patagonien in Argentinien zurücklegen muss. Der Flug bedeutet aber auch, dass ich nicht durch den gefährlichen Süden Kolumbiens reisen muss, der immer noch für seine Entführungen berüchtigt ist. Verantwortlich hierfür sind Guerillagruppen, die hauptsächlich in den Regenwäldern des Südens und Ostens operieren. Auch die Mordstatistik in Kolumbien ist beunruhigend: Jährlich werden in diesem Land über 20 000 Menschen getötet. Hauptgrund hierfür ist die Drogenkriminalität. 70 Prozent des weltweit verkauften Kokains werden in Kolumbien angebaut. Trotz dieser erschütternden Fakten möchte ich Kolumbien nicht verpassen und entscheide mich für einen Fünftagesaufenthalt in Cartagena. Es soll ja eine Abenteuerreise werden.

11

Katarinas Katamaran
Kolumbien

Nach der Landung in Cartagena nimmt mich ein anderer Passagier mit in die Stadt. Dort treffe ich erst einmal auf einige zwielichtige Typen. Einer fragt, was ein Gringo wie ich hier überhaupt wolle? Um nicht so schnell als Europäer aufzufallen, packe ich in einem Park eine Perücke mit schwarzen Locken und einen großen schwarzen Oberlippenbart zum Ankleben aus. Dazu setze ich mir eine Pilotensonnenbrille auf und ziehe mir ein weißes Hemd zu meiner schwarzen Butlerhose an. Ich mache meine ersten Gehversuche mit meiner neuen Identität und laufe in Richtung Altstadt. Einzelne Passanten schauen mich etwas neugierig an, da ein 1,83 Meter großer Latino mit einem Travellerrucksack wohl selten zu sehen ist. Außerdem geben der Schnurrbart und die Perücke aus einem Kölner Karnevalsgeschäft wohl einzelnen Passanten Grund zum Zweifeln.

Cartagena gilt als eine der ältesten Städte Südamerikas und wurde schon 1533 von den Spaniern gegründet. Die imposante Kathedrale, die die Stadt mit ihrer großen Kuppel überragt, wurde wenige Jahrzehnte nach der Ankunft von Christoph

Kolumbus erbaut. Viele andere Gebäude in der Altstadt, die große Stadtmauer und die Festung mitten in der Stadt, stammen ebenfalls aus dieser Zeit. Die Wohnhäuser haben große Holzbalkone, und die engen Gassen lassen an Sevilla oder Florenz denken. Die Einwohner flanieren auf den Straßen und in den Parks und genießen ihre Kaffees in der Abendsonne. Sehr attraktive Frauen lächeln mich an. Aus verschiedenen Kneipen und Cafés erklingt Salsa. Das Leben scheint sich auf der Straße abzuspielen. Dort ist die Präsenz der Polizei und des Militärs nicht zu übersehen. An Straßenecken parken große gepanzerte Einsatzfahrzeuge, überall warten Uniformierte, sie bewachen sogar den langen Sandstrand der Stadt. Es ist ein bizarres Bild: Urlauber sitzen in ihren kleinen Strandzelten, und direkt daneben stehen Soldaten mit Maschinengewehren im Anschlag. Im Zentrum beobachte ich, wie ein Ladendieb in einer sehr publikumswirksamen Verfolgungsjagd durch einen Park gehetzt wird. Er wird von drei Polizisten zu Boden gestreckt und zwanzig Minuten in Handschellen und mit blutig aufgeschlagenem Gesicht liegen gelassen. Ein Mann aus der Menschentraube erzählt mir, dass dies ausschließlich den Zweck habe, die Stärke und Entschlossenheit der Polizei zu demonstrieren. Das nimmt mir zwar tatsächlich Angst, Opfer eines Überfalls zu werden, aber im Freien möchte ich trotzdem nicht übernachten. Daher mache ich mich auf die Suche nach einer Schlafmöglichkeit und spreche Passanten an. Ein Mann erklärt mir höflich, dass er Verwandtschaftsbesuch habe und deshalb nicht könne. Eine junge Frau lehnt ab, weil sie noch bei ihren streng katholischen Eltern wohne. Sie gibt mir aber ihre E-Mail-Adresse und lädt mich zu einem kostenlosen Bootsausflug ein. Dann frage ich eine Frau, die auf einem Stuhl vor einem Internetcafé sitzt. Sie hört sich meine Geschichte an und sagt prompt zu. »Klar, wir machen ein Zimmer für dich frei. Fünf Tage sollten schon klappen.« Ich bin total baff.

Nora wohnt mit ihrer dreizehnköpfigen Familie in einem einstöckigen Haus mit sechs Zimmern. Alle begrüßen mich herzlich. Als Erstes ist Farides, die 25-jährige Tochter an der Reihe, sie wird schnell von ihrer drei Jahre älteren Schwester Dajain weggeschubst. Dajain hält ihre dreijährige Tochter Salua im Arm, die mir hochoffiziell ihre kleine Hand zur Begrüßung schüttelt. Farides' Tochter Maya-Paula folgt direkt danach mit einem schüchternen »Hola«. Maya-Paulas Großmutter Tomasa folgt, sie sitzt im Rollstuhl und schaut mich etwas kritisch an.

Danach drängt sich die Großtante Selma durch den engen Flur, lächelt mich an und umarmt mich, als wäre ihr verloren geglaubter Sohn zurückgekommen. Danach begrüßen mich noch der Großvater José Louis, der Vater Roberto und Eso Maria, Noras Bruder.

Abschließend muss ich noch kurz warten, bis Ingrid, Noras Schwester, mit ihren beiden Kindern die Begrüßungszeremonie abschließt.

Jedes Zimmer wird von zwei bis drei Personen bewohnt. Als Möbel gibt es fast nur Doppelbetten, Schränke sehe ich nirgendwo. Da sich der einzige Fernseher des Hauses in dem Zimmer befindet, in dem ich schlafen darf, sitzt die gesamte Familie bis in den späten Abend um mich herum. Tagsüber liegt die Großmutter allein auf meiner Matratze, um Fußball zu schauen. Sie ist ein leidenschaftlicher Real-Madrid-Fan und guckt sich jedes Spiel an. Ich versuche, mit ihr ins Gespräch zu kommen, aber sie ist nicht in Plauderstimmung. Wenn Fußball läuft, ist Ruhe angesagt. Wir verbringen in den fünf Tagen bestimmt sechs oder sieben Stunden wortlos in dem Zimmer, während die spanische und kolumbianische Liga übertragen wird. Auch wenn ein Tor fällt, bleibt sie wortlos und hebt zur Freude kurz die Hände in die Höhe. Fällt ein Tor für die gegnerische Mannschaft, winkt sie mit der Hand von rechts nach links durch den Raum, um ihren Groll zu zeigen.

Jeder steuert etwas zum Familienbudget bei. Nora und ihr Mann sind für das Essen verantwortlich, ihre Schwester und ihr Bruder für Strom und Wasser, die Großmutter und die Großtante für Reparaturkosten. Geld ist knapp. Farides musste sogar ihr Studium abbrechen, da sie die Gebühren nicht mehr bezahlen konnte. Sie sieht ihre Zukunft nun im Internetcafé der Familie.

Ich bin gerührt, dass die Familie, die selbst kaum Geld hat, mich ohne Vorbehalte oder lange Überlegungen einfach aufgenommen hat. In den fünf Folgetagen bekomme ich sogar noch jeden Abend eine Mahlzeit.

Tagsüber gehe ich wieder nach altbewährter Fragetaktik auf Essenssuche. Es sind meine ersten Versuche in Lateinamerika. Ich besuche Cafés und Geschäfte und frage nach einer Kleinigkeit, um auf meinem Weg zum Ende der Welt nicht noch mehr Gewicht zu verlieren: Seit meinem Start in Berlin habe ich acht Kilogramm abgenommen. Die Erfolgsquote in kolumbianischen Geschäften ist wie erwartet weitaus niedriger als in den USA. Während ich dort in der Regel in acht von zehn Geschäften etwas bekommen habe, sind es hier nur drei, die etwas zu verschenken haben, eine kleine Flasche Wasser oder einen Schokoriegel. Nahrungsmittel sind leider eine Seltenheit. Vor allem liegt es wahrscheinlich an meinen mangelnden Sprachfähigkeiten: Mein Spanisch ist einfach schlecht. Habe ich mir vor der Abreise noch eingebildet, dass ich fließend Spanisch spreche, erkenne ich mittlerweile, dass ich nur riesigen Blödsinn herausbringe. Die Leute verstehen meist nur Bruchstücke vom Ende der Welt, von Geld, von Essen, sie hören immer wieder Deutschland, Deutschland, Deutschland und wissen am Ende überhaupt nichts damit anzufangen. Viele verweisen unsicher auf ihren Chef, der morgen wieder im Laden sei. Hinzu kommt etwas anderes: In einigen Geschäften stehen Leute, die froh sind, wenn sie an einem Tag zehn oder 20 Dollar verdienen. Deshalb sind sie verständlicherweise sehr zurückhaltend damit, einem Reisenden aus dem reichen Europa etwas zu schenken. Trotzdem reichen die Geschenke aus, um ohne Hunger über die Runden zu kommen, denn diejenigen, die mein Spanisch verstehen und selbst genug haben, geben richtig viel, sodass ich mich auch in Kolumbien an Restauranttischen wiederfinde.

Wegen der Hitze und Luftfeuchtigkeit muss ich viel trinken und fülle mir meine Getränkeflasche an Wasserhähnen und Springbrunnen immer wieder auf. Ich habe mir aus Deutschland Chlortabletten mitgebracht, mit denen ich das Wasser reinige.

Im Stadtteil Boca Grande treffe ich Katarina wieder, die mir bei der Zimmersuche ihre E-Mail-Adresse gegeben und mir einen gemeinsamen Ausflug angeboten hat. Sie ist 19, und ihr Vater ist der Präsident des kolumbianischen Segelverbandes. In Boca Grande fühle ich mich wieder wie in Miami: Moderne Hochhäuser mit verspiegelten Fassaden, Jeeps und deutsche Luxuskarossen prägen das Straßenbild, große Jachten liegen im Hafen. Katarina ist professionelle Seglerin und hat sich als Ziel gesetzt, die Qualifikation für die nächsten Olympischen Spiele zu schaffen. Nachdem wir uns im Segelclub auf Kosten ihres Vaters richtig satt gegessen haben, brechen wir mit ihrem Katamaran zu einer vorgelagerten Insel auf. Wir legen in Boca Chica an. Hier bricht der unglaubliche Klassenunterschied des Landes auf mich herein. Arme Dorfbewohner und deren Kinder laufen bettelnd auf uns zu. Zwischen Backsteinhäusern finden sich provisorische Holz- und Blechbauten, die Straßen gleichen Schlammgruben. Ich schätze, dass Katarinas Katamaran den Wert des gesamten Dorfes übersteigt. Am Dorfrand befindet sich ein imposantes Fort, das die Spanier in der Mitte des 16. Jahrhunderts errichtet haben. Es überragt den von Palmen gesäumten weißen Sandstrand.

An jeder Ecke sieht man Gruppen von Männern und Frauen sitzen, die Dame, Schach, Bingo, Domino, Karten oder Mensch-ärgere-dich-nicht spielen: Spielen ist ein Riesending in Kolumbien. Wir verbringen ein paar Stunden damit, uns in die Gruppen einzugliedern und mitzuspielen. Dabei stoße ich natürlich auf ein Problem: Fast alle spielen um Geld. Auch wenn die Einsätze äußerst gering sind, meist nur ein paar Cent: Für mich ist das immer noch zu viel. Schließlich wird für mich eine Ausnahme gemacht, und ich darf Steine einsetzen, die ich vom Strand aufgeklaubt habe. Ein Dominospieler erklärt mir, dass Spielen ohne Geld sinnlos sei, da der Einsatz des Geldes die wichtigen Emotionen auslöse.

Am Strand komme ich mit einer jungen Frau ins Gespräch, die sich ihr Geld damit verdient, Strandbesuchern eine selbst gemachte Creme auf den Arm zu schmieren und dann einzumassieren. Sie verdient so knapp 200 Euro im Monat. Damit ernährt sie sich und ihre kleine Tochter. Mehr Möglichkeiten habe sie nicht, die Wirtschaftslage sei einfach zu schlecht, sagt sie. Trotzdem ist sie nicht auf die Oberschicht neidisch, da sie ihr Glück und ihre Zufriedenheit aus ihrem christlichen Glauben und ihrer Liebe zu ihrer Tochter zieht.

Der Abschied aus Kolumbien fällt mir schwer. Die gastfreundliche Großfamilie, das Leben auf der Straße, die tolle Architektur, die schönen Strände, die Offenheit und Herzlichkeit der Menschen haben mich bewegt und positiv überrascht.

12

Mein Leben als Peruaner
Peru–Bolivien

Nach vier Stunden Flug erreiche ich Lima, die Hauptstadt Perus. Hier ziehe ich einen Joker aus der Tasche: Karina. Wir haben uns vor genau zehn Jahren auf einer Perureise kennengelernt. Glücklicherweise habe ich sie kürzlich bei Facebook wieder gefunden. Sie hat mich für drei Tage in das Haus ihrer Familie im Norden der Stadt eingeladen. Es ist toll, sich nach so langer Zeit wiederzusehen. Wir umarmen uns und erzählen beide gleichzeitig, was in den vergangenen Jahren alles passiert ist, und springen dabei in einen der Minibusse, die vor dem Flughafen warten. Sie haben zehn Plätze, aber meist quetschen sich zwanzig Passagiere rein. Für Peruaner ist das kein Problem, da kaum jemand größer als 1,70 Meter ist. Ich dagegen stehe die halbstündige Fahrt mit eingezogenem Kopf im Bus. Immerhin kann ich dabei aus dem Fenster schauen. Die Straßen sind überfüllt, Autos, LKW und Busse hupen ununterbrochen. Mitten im Chaos stehen unzählige Verkäufer, die Kaugummis, Zuckerwatte, Obst oder sogar alte Autoteile anbieten. Die Häuser sind fast alle unverputzt, aus den Dächern ragen Metallstäbe heraus.

Die wenigen Bäume, die ich sehe, sind mit Staub bedeckt. Der sandige Staub aus der Wüstenregion um Lima verwandelt das bisschen Grün noch in Braun. Er ist überall, auf den Häusern, auf den Autos, auf den Bussen. Beim Einatmen spüre ich ebenfalls den Ruß der vielen Dieselmotoren in der Stadt. Man sagt, dass Lima im ewigen Smog liegt und somit kaum Sonne abbekommt. Das kann ich an diesem Tag bestätigen. Ein grauer Schleier verdeckt den Himmel, sodass die Stadt mit ihren 7,5 Millionen Menschen noch trister aussieht. Der Unterschied zum karibischen Cartagena könnte kaum größer sein. Als wir bei Karinas Großmutter ankommen und die Tür hinter dem Chaos schließen, atme ich erst einmal tief durch.

Im Haus werden wir von ihrer Oma, ihrem Onkel und ihrem Sohn herzlich empfangen. Der Begriff »Patchworkfamilie« verdient hier seinen Namen: Karinas Onkel Miquel, der auf dem Dach in einer armseligen Backsteinbehausung ohne Fenster wohnt, ist gar nicht ihr Onkel, sondern ein Mann, der vor zehn Jahren mittellos bei ihnen vor der Tür stand und den sie seither kostenlos bei sich wohnen lassen. Karinas Sohn ist gar nicht ihr Sohn, sondern der Sohn ihrer Schwester, die ihn meistens bei Karina untergebracht hat, weil sie jeden Tag vierzehn Stunden arbeiten muss. Und dann ist da noch Karinas Bruder Claudio, der in Wirklichkeit ihr Neffe ist. Seine Eltern sind in die USA emigriert, er wurde aufgrund mehrerer Drogendelikte ausgewiesen und lebt nun bei seiner Großmutter, die ihn mit durchfüttert, weil er keine Arbeit findet. Karina hat mich während der Busreise eingeweiht, dass ihre Großmutter streng katholisch ist. Da sie mit Eduardo aus den USA verheiratet ist, konnte sie die Erlaubnis für meinen Besuch nur aushandeln, indem sie mich als Eduardos Bruder angekündigt hat. Das wird mir fast zum Verhängnis, denn plötzlich fragt mich ihre Großmutter: »Michael, wie geht es Eduardo eigentlich momentan?«

»Äh, ja, dem geht es ganz gut.«

»Wie? Ich dachte, er war so krank?«

»Ach ja, das ist zum Glück besser geworden. Alles wieder okay.«

»Wirklich? Vor zwei Wochen habe ich noch andere Sachen gehört.«

»Ja, ja, aber in der letzten Woche gab es eine klare Besserung!«

»Was hatte er noch mal?«

»Die vielen Auslandsreisen beim Militär haben ihn geschwächt. Der Arzt hat es aber jetzt geregelt.«

»Ja, der arme Eduardo. Aber hatte er nicht etwas mit dem Blinddarm?«

Zum Glück rettet mich Karina mit der Ausrede, dass ich das Wort für Blinddarm nicht kenne, da mein Spanisch so schlecht sei. So vergehen drei Tage in einer sehr herzlichen Familie, in der ich immer wieder in Eduardo-Gespräche verwickelt werde. Karinas Großmutter fragt mich über alles aus: Eduardos Kindheit, Eduardos Ausbildung beim Militär in Arizona, Eduardos Kennenlernen mit Karina in der amerikanischen Botschaft im Jahr 2001, Eduardos

Krankheit, Eduardo und sein Leben auf der Militärbasis Rammstein, Eduardo und sein großes Herz, Eduardo und seine rührende Beziehung zu Kindern, Eduardo, der ja fast zwei Meter groß ist, Eduardo und sein schlechtes Spanisch (angeblich noch schlechter als meins). Ständig muss ich aufpassen, mich nicht durch die Fangfragen der Oma zu verraten. Ich schaffe es, das Theater mitzuspielen, aber ich denke, dass es allen Beteiligten klar ist, dass ich nicht Eduardos Bruder bin. Auch Karinas Großmutter, denn als ich mich verabschiede, ruft sie mir lächelnd hinterher: »Muchos besos a Eduardo!«, was so viel heißt wie: »Und grüß Eduardo herzlich von mir!«

Am nächsten Tag gehe ich mit Karina in ein Restaurant. Als wir uns setzen, bekomme ich ein Eis mit einer Kerze serviert. Dann versammeln sich alle Kellner hinter mir, setzen mir eine Krone auf und singen: »Feliz cumpleaños«, »Happy birthday«. Ich gucke verdutzt, und Karina erzählt mir, dass sie mich als Geburtstagskind angemeldet habe. In peruanischen Restaurants bekommen Geburtstagskinder alle ein Eis und ein Ständchen. Wir probieren es noch zwei weitere Male in anderen Gaststätten – und tatsächlich: Am 13. Oktober kann ich dreimal meinen Geburtstag feiern. Mit meinen drei Geburtstagspappkronen steige ich in den Bus, der mich in die über 1000 Kilometer entfernte Andenstadt Cusco bringen soll. Das Erste-Klasse-Ticket kostet nicht mal 30 Dollar – ein Geschenk von Karinas Mann Eduardo. Man hilft sich halt unter Brüdern.

Meinen Sitz kann ich fast als Bett zurückklappen, Decken werden gereicht, denn die Klimaanlage läuft natürlich auf Hochtouren. Im Fernseher wird ein amerikanischer Spielfilm gezeigt. Anscheinend sind Horror- und Splatterfilme in Peru sehr beliebt: So wechseln sich »Freitag, der 13.« mit Stephen-King-Filmen und dem »Texas Chainsaw Massacre« ab. Der Ton des Fernsehers ist ähnlich hoch aufgedreht wie die Klimaanlage, sodass einschlafen unmöglich ist. Am nächsten Mittag komme ich unausgeschlafen, aber dafür als Horrorfilmexperte in den Anden an. Die Stadt Cusco liegt auf fast 3500 Höhenmetern und ist der Ausgangspunkt für Trekkingtouren zur weltbekannten Inkastadt Machu Picchu. Cusco ist eine sehr schöne Bergstadt mit zwei gewaltigen Missionskirchen direkt am Marktplatz, den man wie überall in Peru »Plaza de Armas«, also »Platz der Waffen« nennt. Enge Gassen ziehen sich durch die jahrhundertealten Gemäuer der Innenstadt, die von den Spaniern nach der Eroberung Perus gebaut wurde.

Ich treffe hier Stefan, den ich vor der Reise per E-Mail kontaktiert hatte. Er ist 34 Jahre alt; Anfang des Jahres ist er von Deutschland nach Cusco gezogen. Jetzt versucht er, die Agentur Geomundo aufzubauen, die Trekkingtouren für Touristen organisiert. Sein Ziel ist es, das auf eine ökologische Weise und mit fairen Gehältern für die einheimischen Mitarbeiter zu tun. Er erzählt mir, dass es eine schwere Entscheidung war, den gut bezahlten Job als Unternehmensberater aufzugeben, um im Ausland etwas aufzubauen. Er kämpft damit, dass die Mentalität eine andere ist: Pünktlichkeit, Zuverlässigkeit und Ordnung sind für seine Mitarbeiter keine entscheidenden Werte. Ich kann zwei Nächte in seiner neuen Wohnung schlafen, die er gerade einrichtet und renoviert.

Stefan vermittelt mich an eine lokale Trekkingagentur weiter, die mich kostenlos zur Inkastadt Machu Picchu mitnehmen will, wenn ich als Lastenträger arbeite. Der Besuch Machu Picchus ist natürlich Pflicht, da die Inkastadt das kulturelle Highlight Südamerikas darstellt. Machu Picchu liegt 80 Kilometer von Cusco entfernt, inmitten eines Regenwalds im Gebirge. Die Stadt wurde von den Inkas Mitte des 15. Jahrhunderts erbaut und schon knapp 100 Jahre später wieder verlassen, als die Spanier die Region eroberten. Trotzdem waren es nicht die Spanier, die die Inkas aus der Stadt vertrieben. Es ist bis heute unklar, was passiert ist. Eine Theorie besagt, dass Machu Picchu erbaut wurde, um die Wirtschaft dieser Region zu kontrollieren, eine andere Theorie hält Machu Picchu für eine ehemalige Gefängnisstadt der Inkas. Wiederum andere Forscher halten Machu Picchu für einen Wohnort des damaligen Inkakönigs. Die sogenannte verlorene Stadt der Inkas bleibt also in ihrem Ursprung für uns heute immer noch ein Geheimnis.

Am ersten Tag gibt es große Verwunderung und viel Gelächter bei den 16 Mitgliedern der Wandergruppe, die aus Deutschland, Kanada, USA, Argentinien, Irland und Frankreich kommen. Aber auch die drei einheimischen Träger wundern sich, dass ein Gringo das Gepäck tragen will. Wie kann es sein, dass ein Deutscher Nahrungsmittel, Töpfe und Zelte den Berg hochschleppt? Ich erkläre, dass ich ohne Geld ans Ende der Welt reise und dieses meine einzige Möglichkeit ist, nach Machu Picchu zu kommen. Die Lastenträger lachen und freuen sich über die ungewöhnliche Unterstützung. Die Touristen lachen eher über mein albernes Outfit: Stefan hat mir vor meiner Abreise einen traditionellen Poncho und eine Wollmütze mit Ohrenschützern und Bommel geliehen, aber wie es aussieht, tragen so was nur Peruaner in europäischen Fußgängerzonen.

Ich habe Glück und bekomme am ersten Tag der Trekkingtour eine Schonfrist. Die Lastenträger halbieren die übliche Tragelast von 40 Kilogramm für mich auf gerade mal 20 Kilogramm. Dieses Gewicht befindet sich übrigens nicht in einem normalen Rucksack, sondern in einer Konstruktion aus Kunststoffsäcken, die mit Seilen zu einem Rucksack zusammengeschnürt werden. Während die Lastenträger im Eiltempo vorauslaufen, darf ich den ersten Tag mit der Reisegruppe im europäischen Normaltempo bestreiten. Wir legen fast 20 Kilometer zurück und klettern dabei von 2600 auf 3600 Höhenmeter. Gegen 17 Uhr komme ich mit der Reisegruppe am ersten Nachtlager an. Ich helfe den Trägern, die Zelte für die Touristen aufzubauen und das Abendessen vorzubereiten. Die Träger haben in einem kleinen Unterstand zwei Gaskocher. Meine Aufgabe für die nächsten beiden Stunden ist es, Erbsen zu schälen. Die Nacht wird dann zum Albtraum. Während die Reisegruppe bei den äußerst kühlen Temperaturen zumindest in Zelten schlafen kann, verbringe ich die Nacht mit den drei Trägern in dem Unterstand. Nur eine blaue Plastikplane trennt meinen Schlafsack vom äußerst kalten Steinboden. Neben mir liegt Gomerciendo, der für die Gruppe kocht. Ich frage ihn, wie er das aushält. Gomerciendo erklärt mir, dass er nur selten in Betten schlafe. Während er vor sich hin schnarcht, bleibe ich den Großteil der Nacht wach. Es ist klirrend kalt, der Boden ist hart, und die 3600 Meter Höhe tun wohl ihr Übriges dazu, dass ich mich unruhig von links nach rechts drehe.

Um vier Uhr klingelt Gomerciendos Wecker. Wir haben genau eine Stunde Zeit, um das Frühstück für die Reisegruppe vorzubereiten. Ich sitze teilnahmslos und zitternd in der Ecke. Um sechs Uhr bricht die Reisegruppe zur zweiten Etappe auf. Sie haben sechs Stunden Zeit, um über den 4600 Meter hohen Abra-Salkantay-Pass zum Mittagslager zu gelangen. Wir Lastenträger haben dafür aber nur drei Stunden Zeit, müssen also doppelt so schnell gehen oder besser gesagt rennen. Dieser Zeitmangel entsteht dadurch, dass wir morgens 90 Minuten lang Zelte abbauen, Geschirr spülen und Pferde beladen müssen. Mittags müssen wir 90 Minuten vor der Gruppe ankommen, um mit der Vorbereitung des Mittagessens fertig zu sein, bevor die Reisegruppe eintrifft.

Schnell wird mir klar, dass die Entscheidung, als Lastenträger und Arbeiter mitzulaufen, ein Wahnsinn ist. Ich kann bei dem Tempo kaum mithalten, obwohl ich nur halb so viel Gewicht wie Gomerciendo, Yuri und Nico auf dem Rücken habe. Sie rennen die schmalen Trampelpfade des Passes förmlich hoch. Nach kaum einer halben Stunde bleibe ich hechelnd stehen und beuge mich nach vorn, um irgendwie nach Luft zu schnappen. Yuri fordert mich auf, mich zusammenzureißen und das Tempo mitzulaufen, da wir unter enormem Zeitdruck stehen, schließlich wollen die Touristen mittags pünktlich ihr Essen haben. Ich laufe weiter hinter den drei Trägern und den drei Pferden her, aber ich schaffe es körperlich einfach nicht. Ich hechele, mir ist schwindelig, und meine Beine fühlen sich wie Gummi an. Schon kurze Zeit später liege ich weit hinter ihnen. Yuri befindet sich über mir, da der Weg sich in Serpentinen den Berg hochschlängelt. Er ruft immer wieder: »Amigo, vienes. No tenemos tiempo! Rápido!« Also: »Komm, mein Freund, wir haben keine Zeit zu verlieren!« Aber es hilft nichts. Die Luft ist zu dünn, und ich bin zu untrainiert. Ich lege mich auf den Weg und atme tief ein und aus. Wenig später kommen Yuri, Gomerciendo und Nico mit den Pferden den Berg herunter und schauen mich ratlos an. Gomerciendo lacht, weil er einen so unfähigen Lastenträger in seinem ganzen Leben noch nicht gesehen hat. Aber Yuri ist sauer. Er fordert mich auf, aufzustehen, und erklärt mir energisch, dass wir vor den Touristen auf dem Höhenlager sein müssen, um das Essen vorzubereiten. Sollte das Essen nicht fertig sein, gibt es Beschwerden bei der Agentur, und das kann sie den

Job kosten. Ich erkenne, dass ich mich den Trägern gegenüber fahrlässig verhalten habe. Zwei Abende zuvor habe ich dem Agenturchef, der übrigens Fidel Castro heißt, noch großkotzig erzählt, dass ich früher Tausendmeterläufer war und die 80 Kilometer kein Problem sein werden. Das Ergebnis ist, dass ich zur Belastung der Tour werde. Die Träger können mich aufgrund ihrer Fürsorgepflicht nicht zurücklassen, wegen des Zeitdrucks aber auch nicht weiter auf mich warten. Ich verspreche ihnen, das Tempo mitzuhalten, wenn wir mein Gepäck auf eines der Pferde schnallen. Die drei Träger beraten sich und kommen zu dem Schluss, dass noch weitere zehn Kilo von meinem Gepäck auf die Pferde passen, mehr für sie aber auch unerträglich ist. Also schleppe ich nur noch zehn Kilo den Bergpass hoch, aufgrund der Höhe fühlen sie sich aber wie vierzig Kilo an. Trotzdem schaffe ich das Tempo der Träger nicht und falle schnell zurück. Ich schleppe mich durch eine atemberaubende Landschaft, die von schneebedeckten Berggipfeln und Gletschern, die bis auf 6000 Höhenmeter ragen, gekennzeichnet ist. Aber all das ist mir egal, ich bin platt. Zusätzlich kommt Neid auf. Ich komme an einer Holzhütte vorbei, die für die Trekkingbegeisterten Schokoriegel und Getränke verkauft. Ich höre, wie sich ein deutsches Pärchen dort darüber unterhält, ob sie sich Twix oder Snickers und eine große oder kleine Cola kaufen sollen. Ich schleppe mich frustriert an ihnen vorbei. Was würde ich jetzt für zwei Liter Cola und einen Schokoriegel alles tun!

Ab 4000 Höhenmetern wird es richtig kalt, obwohl wir schwitzen, weil es nun anstrengend wird. Yuri und Co. sind nicht mehr zu sehen, und jeder Schritt wirkt wie ein Schlag ins Gesicht. Die Schmerzen dringen durch den ganzen Körper. Kurz nach Aufbruch der zweiten Tagesetappe hat Yuri mir erzählt, dass er für eine Fünftagestour 50 Dollar verdiene. Ich bin fassungslos, dass die Touristen nur so wenig Geld für diese Anstrengung bezahlen müssen.

Kurz vor dem Pass auf 4600 Höhenmeter schaffe ich es, die Touristengruppe zu überholen. Yuri, Gomerciendo und Nico sind mit den Pferden schon längst vorbeigelaufen. Der Leiter der Gruppe hat eine Sonderpause eingelegt, damit die Träger genug Zeit zum Kochen haben, obwohl sie durch mich so viel Zeit verloren haben. Die Gruppe jubelt, als sie mich an sich vorbeiziehen sieht. Sie wissen genau, dass mein Experiment total in die Hose gegangen ist, nehmen es aber alle mit Humor. Gomerciendo leider nicht. Als ich endlich das Mittagslager erreiche, steht das Essen schon fast fertig auf den Tischen. Gomerciendo ist stinksauer, hält mir eine Standpauke, dass sie es mit dem Essen fast nicht mehr rechtzeitig geschafft hätten und dass so etwas zu Problemen mit der Agentur führen könne. Während des Mittagessens zieht mich Yuri zur Seite. Er erklärt mir, dass wir so nicht weitermachen können. Es gibt weitere Erleichterungen für mich: Zwar muss ich weiter als Träger arbeiten, kann aber mit der Touristengruppe gehen. Das heißt, dass das Tempo nur noch halb so schnell ist und ich viel weniger in der Küche und beim Auf- und Abbau helfen muss. Eine wirklich große Erleichterung für mich. Schon am nächsten Tag wandelt sich der Unmut über den auffälligen Gringoträger in Sympathie. Meine Trägerleistungen des zweiten Tages entwickeln sich zu so etwas wie einer Legende. Ich höre die Träger immer wieder, wie sie sich lachend erzählen, dass ich auf dem engen Trampelpfad hechelnd auf dem Rücken lag.

So laufen wir am dritten und vierten Tag durch einen Nebelregenwald, und es kommt sogar noch zu einer erfreulichen Erholungspause. Die Gruppe nimmt ein Bad in einer der heißen Quellen, die den Anden entspringen. Die heiße Quelle bei Santa Theresa wird kommerziell für den Tourismus genutzt, sodass man fünf Dollar Eintritt zahlt. Einheimische zahlen übrigens dreißig Cent. Dietmar, Polizeikommissar aus Heilbronn, der ebenfalls mitwandert, lädt mich ein und spendiert mir den Eintritt.

Leider hole ich mir in den Quellen ein Erkältung und breche somit relativ krank am fünften Tag um vier Uhr morgens nach Machu Picchu auf. Wir müssen 1600 Stufen und 450 Höhenmeter überwinden, um die Stadt zu erreichen. Es ist wieder ein harter Kampf bis nach oben. Am Vorabend hat Yuri die Eintrittskarten für Machu Picchu verteilt. Ich bin davon ausgegangen, dass ich als Lastenträger keine brauche, und habe mich somit nicht darum gekümmert. Nun stehe ich vor dem Eingangstor, immer noch mit albernem Poncho und Stoffmütze bekleidet und dem Gepäck beladen, und erzähle, dass ich

Lastenträger bin und die letzten fünf Tage das Unmögliche geleistet habe. Die Dame lächelt freundlich und lässt mich ohne Ticket rein. Touristen, die vor und hinter mir in der langen Schlange stehen, lachen und jubeln, dass der Gringoträger ohne Ticket in die Inkastadt hineinkommt. Doch dann folgt eine zweite Kontrolle, bei der mich ein Mann unfreundlich aus der Schlange herauszieht. Er sagt kein Wort, sondern funkt direkt jemanden an: »Hay un hombre sin ticket!«, »Da ist ein Mann ohne Eintrittskarte!« Ich werde zu einem Büro gebracht, oder besser gesagt abgeführt. Der Mann schmeißt mein Gepäck auf den Boden und verweigert mir auch nach mehrfachen Fragen jegliche Antwort.

Im Büro spreche ich mit der Chefin für Besucherangelegenheiten. Ich erkläre ihr, dass ich fünf Tage als Lastenträger gearbeitet habe und damit das Recht habe, einzutreten. Sie kontert, dass ich in offensichtlicher Weise ein Tourist sei und somit 43 Dollar zu zahlen habe. Ich beginne zu erzählen, dass der Job als Lastenträger Teil einer Reise ohne Geld ans Ende der Welt sei. Sie sagt, dass sie das toll finde, dass ich aber trotzdem 43 Dollar zahlen müsse. Selbst als ich ihr anbiete, Müll in der Inkastadt aufzusammeln, bleibt sie hart. Von Yuri und der Touristengruppe ist weit und breit nichts mehr zu sehen. Es ist der bislang schwärzeste Tag der Reise. Ich sitze vor den Toren der Inkastadt und bin total frustriert: 80 Kilometer mit 20 Kilo Gewicht auf dem Rücken über Höhen, die den Großglockner und den Mont Blanc winzig aussehen lassen – und jetzt das! Ich weiß, dass es ab jetzt richtig schwierig wird. Ich muss noch 6000 Kilometer zurücklegen und habe nur noch drei Wochen Zeit. Mir wird der Schwung der ersten Monate fehlen, die Aufregung, die ich noch in San Francisco, auf Hawaii verspürt habe. Selbst wenn der Muskelkater, die Erkältung und der emotionale Rückschlag von Machu Picchu verflogen sind, werden die letzten 6000 Kilometer alles andere als leicht werden.

Später nimmt mich ein Bus mit zurück nach Cusco. Ich habe mit Stefan abgemacht, noch eine Nacht bei ihm zu schlafen, um dann am nächsten Morgen mit dem Andean Explorer nach Puno zum Titicacasee zu fahren.

Abends sitze ich in Stefans Wohnung und male mir die weitere Reise aus, als plötzlich sein Ofen und der dazugehörige Schornstein Feuer fangen. Der Schornstein ist wohl aus nicht ganz feuerfestem Material gebaut, und binnen einer Minute steht die halbe Wohnung in Flammen. Wir laufen los, um schnell Wasser aus der Dusche zu holen, aber das Wasser ist gerade in der ganzen Stadt abgestellt, wie so oft in Peru. Hektisch laufe ich zum Nachbarn und hole einen Feuerlöscher. Wir versuchen vergeblich, damit die Wohnung einzusprühen, er funktioniert einfach nicht. Deshalb laufe ich auf die Straße und erkläre einem Polizisten auf Spanisch, dass ein Feuer ausgebrochen sei und die gesamte Wohnung in Flammen stehe. Da ich in Panik bin, ist mein Spanisch noch schlechter als sonst. Ich wiederhole immer wieder »Fuego«, »Fuego«, was leider in dem Zusammenhang nur heißt, dass ich ein Feuer (wie für eine Zigarette) brauche. »Incendio« wäre der Begriff für einen ganzen Brand gewesen. Der Polizeibeamte wiederholt geduldig, dass er kein Feuer habe und seit einem Jahr nicht mehr rauche. In meiner Not ziehe ich ihn an seiner Uniform zur Wohnung. Über die Dächer hört man Stefan immer wieder rufen »Incendio, Incendio«. Dadurch versteht nun auch der Beamte, was los ist, und ruft mit seinem Handy die Feuerwehr. Das Feuer hat mittlerweile fast auf die ganze Wohnung übergegriffen. Mir fällt plötzlich meine Tasche mit allen Habseligkeiten ein: Reisepass, Videokameras, bespielte Bänder. Ich renne, ohne zu atmen, durch das Feuer und finde glücklicherweise mein Gepäck unbeschädigt direkt neben dem Brandherd. Keuchend laufe ich aus der Wohnung und bringe alles in Sicherheit. Draußen sehe ich mit an, wie der Polizist alle Fenster aufreißt und sich das Feuer weiter ausbreitet. Stefan steht keuchend am Ausgang, er hat wohl zu viel Kohlenmonoxid eingeatmet. Er spuckt und hustet immer wieder. Plötzlich gibt mir die Nachbarin ein Zeichen. Sie hat eine große Badeschüssel vor sich stehen. Ich renne zu ihr, nehme die schwere Schüssel, trage sie ein Stockwerk höher schütte das Wasser ins Feuer. Daraufhin trifft die Feuerwehr ein und leistet den Rest. Stefan hat nun einen Feuerlöscher in der Hand, der funktioniert, und erstickt die letzte Flamme. Hier wird mir erst einmal bewusst, wie viel Glück im Unglück wir hatten. Der Brand ist um elf Uhr ausgebrochen. Was wäre passiert, wenn es ein Uhr nachts gewesen wäre? Ich helfe Stefan noch, das

Nötigste zusammenzufegen. Die Wohnung ist unbewohnbar. Die Decke ist halb abgebrannt, der Boden voller Ruß und angebrannter Holzstücke, ein Schrank, die Spüle und die hintere Wand sind total verbrannt. Um drei Uhr nachts verabschieden wir uns beide noch sichtlich unter Schock. Die letzten Stunden der Nacht verbringe ich am Bahnhof von Cusco, um auf den Andean Explorer zu warten.

Total übernächtigt versuche ich, mich am nächsten Morgen auf den Bahnsteig zu mogeln. Der Andean Explorer gilt als Luxuszug, bei dem die achtstündige Fahrt 220 Dollar kostet. Das ist zehnmal so viel wie für die Busfahrt der gleichen Strecke. Also wird jeder Passagier schon im Bahnhof auf ein Ticket überprüft. Ich falle sofort auf und werde unfreundlich weggeschickt. Also schleppe ich mich zum Busbahnhof, dabei fällt mir auf, dass ein Teil meines Rucksacks angebrannt ist. Was für eine grauenvolle Nacht! Diesen Schicksalsschlag nutze ich am Busbahnhof aber noch, um wenigstens ein kostenloses Busticket nach Puno zu bekommen. Ich erzähle von meiner Fünftagewanderung, davon, dass ich nicht nach Machu Picchu reingekommen bin, und von dem Brand in Stefans Wohnung. Die beiden Busangestellten betrachten mich stumm, dann blicken sie sich an und beginnen zu lächeln. Sie geben mir das Ticket umsonst, ohne weitere Fragen zu stellen.

Der Bus fährt auf Höhen zwischen 3500 und 4000 Meter, ich sehe schneebedeckte Bergketten, Weiden mit Lamas und dann endlich den Titicacasee, der mit

3800 Höhenmetern der höchste schiffbare See der Welt ist. Doch ich bekomme von den landschaftlichen Reizen wenig mit, da ich zum einen körperlich total k. o. bin und zum anderen nicht weiß, wie es weitergehen soll. Um mich über die Möglichkeiten zu informieren, frage ich ein Touristenpaar im Bus, ob sie mir ihren Lonely-Planet-Reiseführer mal kurz leihen könnten. Die Frau reicht mir das Buch: »Gern, wir können übrigens auch deutsch reden. Sag mal, kennen wir uns nicht aus Köln? Hast du nicht eine Freundin, die Kristina heißt?«

»Quatsch, ja klar, und wir haben uns vor Jahren auch mal auf ein Bier getroffen, stimmt's?«

»Genau!«

Man sagt ja, dass nach jedem Tief ein Hoch kommt. Und so ist es gerade. Ich erzähle Hedwig und ihrem Mann Cicki meine Geschichte. Wir machen schnell einen Deal: Sie wollen für meine Verpflegung, Unterkunft in Puno und ein Busticket in Boliviens Hauptstadt La Paz aufkommen, und ich chauffiere sie einen Tag durch die Gegend. Es ist meine Rettung! Das Chauffieren entpuppt sich am nächsten Tag als Tretbootfahren. Während Hedwig und Cicki hinten im Drachentretboot knutschen, strampele ich über den riesigen See. Es ist harte Arbeit, macht aber Spaß. Nach einer Weile steigen wir in ein Paddelboot, das aus Schilf gebaut ist. Ich rudere die beiden zu einer der berühmten Urosinseln. Die Uros sind ein Volksstamm, der auf selbst gebauten Schilfinseln lebt, ihre Häuser sind ebenso aus Schilf wie ihre Boote, bisweilen ist Schilf auch Teil ihrer Nahrung. Wir besichtigen eine der Inseln, und ich habe die Möglichkeit, mit dem Präsidenten der Uros zu sprechen. Während wir beide Schilfrohr knabbern, beantwortet er meine Fragen. Die Uros sind schon vor der Zeit der Inkas auf den See gezogen, da sie sich mit ihren manövrierfähigen Schilfinseln schnell und effektiv vor Feinden in Sicherheit bringen konnten. Heutzutage gibt es insgesamt 42 Schilfinseln mit insgesamt über 2000 Bewohnern.

Wenn man über die Insel geht, sinkt man bis zu zehn Zentimeter ein. Jährlich werden neue Schilflagen auf den Boden gelegt, da das Schilf im Wasser nach und nach wegfault. Der Präsident erklärt mir außerdem, dass Schilf nicht nur als Nahrung, sondern auch noch als Medizin gegen viele Krankheiten genutzt werde. Trotz ihrer Schilfleidenschaft sträuben sie sich aber nicht gegen neue Technik: Solarpanele, Motoren, Fernseher und ein eigener Radiosender gehören zum Alltag in den Dörfern. Er erzählt weiter, dass ein Teil der Uros mittlerweile vom Tourismus lebe. Auf den abgeschiedeneren Inseln lebt man bis heute ausschließlich vom Tauschhandel. Die Bewohner dort stellen Schilfprodukte her und bekommen dafür alles, was sie zum Leben brauchen. Wo sind die Leute denn glücklicher? Der Präsident überlegt kurz und sagt dann, dass der Tourismus und das Geld natürlich Nachteile mit sich brächten, weil sie die Kultur veränderten. Aber am wichtigsten findet er, dass die Uros, die vom Tourismus lebten, nun genug Geld für Bildung und Medizin hätten.

Hedwig und Cicki laden mich mehrfach zum essen ein und schenken mir noch 20 Dollar. Ich kann mir davon zwei Nächte in einem Hostelzimmer leisten und noch ein Busticket nach Bolivien kaufen.

13

Ein Königreich für ein Meerschweinchen
Bolivien

Am nächsten Morgen sitze ich mit zwei Litern Cola und zwei Litern Wasser im Gepäck im Bus nach La Paz, das mit 3600 Metern Höhe als höchstgelegene Hauptstadt der Welt gilt. Als wir an der Grenze ankommen, hängt mein Magen in den Kniekehlen: Ich habe seit dem Vorabend nichts gegessen und versäumt, Proviant zu besorgen. Leider treffe ich keine anderen Kölner mehr, die mir etwas zu essen anbieten, sondern nur einen betrunkenen Engländer, der mich zum Saufen einlädt. Ich lehne dankend ab.

Am Busbahnhof in La Paz sind es dann schon 24 Stunden ohne Essen. Ich mache mich sofort auf die Suche und frage insgesamt bestimmt in 30 Kiosken, Geschäften und Restaurants im und um den Busbahnhof – ohne jeden Erfolg. Ein Verkäufer rät mir, direkt zur deutschen Botschaft zu gehen, da er mein Unterfangen in Bolivien für aussichtslos hält. Die Statistiken geben ihm recht: Bolivien ist das ärmste Land Südamerikas. Der Durchschnittsbürger verdient hier weniger als 350 Dollar im Monat, obwohl Bolivien reich an Bodenschätzen ist. 50 bis 70

Prozent des weltweiten Lithiums liegen hier in der Erde, die Gasvorkommen gehören zu den größten auf dem amerikanischen Kontinent. Aber die meisten Bewohner der Hochebene, auf der sich La Paz befindet, sehen sehr wenig von diesem Reichtum. Das erklärt auch den Wahlerfolg des sozialistisch orientierten Präsidenten Morales, der momentan das Land führt. Sein Ziel ist es, eine bessere Verteilung des Geldes zwischen dem reicheren Osten und dem armen Westen zu schaffen. Die Menschen kommen mir verschlossen und kühl vor, ganz anders als in Kolumbien zum Beispiel. Ich werde sehr nervös, mein Hunger ist riesig. Ein Schmerz breitet sich im Magen aus. Zum Glück unterdrücken die Cola und eine Tüte Kokablätter, die ich regelmäßig kaue, das Hungergefühl ein wenig. Aber die Panik bleibt: Muss ich den Selbstversuch hier abbrechen? Für den Notfall habe ich eine Kreditkarte dabei, da diese Reise definitiv nicht dazu führen soll, dass ich in Bolivien verhungere. Aber wenn ich einmal die Kreditkarte benutze, ist die Reise vorbei, die Geschichte definitiv zu Ende. Es geht hier natürlich nicht ums Überleben, sondern um den Ehrgeiz, dieses Projekt zu Ende zu bringen.

Es ist mittlerweile schon dunkel und deshalb auch nicht mehr ratsam, durch die Stadt zu laufen. Von der Angst getrieben, entscheide ich mich, nach Peru zurückzufahren. Da ich körperlich am Ende und total ausgehungert bin, aber mein Projekt hier in dieser hoffnungslosen Situation nicht mit meiner Kreditkarte beenden will, sehe ich das als letzten Ausweg.

Ich gehe zu den verschiedenen Fahrkartenschaltern und erzähle, dass ich ohne Geld ans Ende der Welt reise und in Bolivien einfach am falschen Ort für so ein Projekt bin. Die ersten beiden Angestellten, die ich anspreche, stimmen mir sofort zu, schicken mich aber ohne Ticket wieder weg. Die Ticketdame der dritten Busgesellschaft wimmelt mich zuerst auch ab. Ich lege nach und erzähle davon, dass ich seit fast 30 Stunden nichts gegessen haben. Als sie das zweite Mal den Kopf schüttelt, mischt sich ein Mann ein, der hinter ihr am Computer sitzt. Er scheint der Boss zu sein und sagt auf Spanisch etwas, das so etwas bedeuten muss wie: »Komm, lass uns den mitnehmen, der hat echt nichts!« Diese Zusage ist der größte Erfolg in Bolivien.

Da der Bus erst am frühen Morgen abfährt, schlafe ich auf einer Bank im Busbahnhof von La Paz – oder döse eher im Halbschlaf vor mich hin. Ich fühle mich zwar schlapp und bin schlecht gelaunt, aber nicht mehr hungrig. Vielleicht liegt es an einer Adrenalin- oder Endorphinausschüttung – oder mein Magen hat auf Notfallbetrieb umgestellt.

Der Bus ist überfüllt, da momentan in La Paz gestreikt wird und nur wenige Busse fahren. Ich stehe im Gang. Die Passagiere, die schon Stunden vor mir in anderen Städten eingestiegen sind, nehmen gerade ihr Mittagessen ein. Ich schaue mich um, ob jemand etwas übrig hat. Aber: Fehlanzeige. Ein Mann hat seinen Sitz zurückgestellt und schläft. Der Bussteward hat ihm sein Tablett mit dem Mittagessen einfach auf den Schoß gestellt, ohne dass er davon wach geworden ist. Es ist meine Chance! Ich wecke ihn auf und frage ihn, ob ich eventuell sein Mittagessen bekommen kann. Er schaut mich total verwundert an, da mein Spanisch die Sachlage nur bruchstückhaft erklären kann und er wohl noch ziemlich verschlafen ist. Aber nach einer zweiten Erklärung willigt er ein und gibt mir das Tablett. Fast 40 Stunden ohne Nahrung habe ich in meinem ganzen Leben noch nicht erlebt, noch nie habe ich mich so über eine Mahlzeit gefreut. Obwohl mein Hungergefühl mittlerweile gar nicht mehr spürbar ist, verschlinge ich den Reis, das Kartoffelpüree, das Stück Fleisch und den Wackelpudding. Ich bin heilfroh, dass ich mich getraut habe, den Mann zu fragen, denn die fünfstündige Busfahrt wird zu einer neunstündigen Busfahrt. Wegen des Streiks muss der Busfahrer von der Straße runter und über eine Schotterpiste weiterfahren. Koffer und Taschen fallen aus den Vorrichtungen. Schließlich müssen wir alle aussteigen, da der Bus die Strecke wohl nicht mehr fahren kann oder darf.

Wir warten mitten in der Hochsteppe bestimmt zweieinhalb Stunden auf einen anderen Bus. Ich schaue zum Horizont und sehe einen ziemlich langen Stau, der sich auf der Gegenfahrbahn Richtung La Paz schlängelt. Der Streik hat einfach alles lahmgelegt.

In Puno endlich angekommen, habe ich wieder ordentlich Hunger. Ich verschwende keine Minute und laufe ins Zentrum, um Geschäfte und Restaurants abzuklappern. Neben einem Sandwich und

Obst darf ich mir in einem Restaurant etwas aussuchen. Auf der Karte steht das klassische Feinschmeckergericht der Peruaner: Meerschweinchen! Es wird mir in einer Plastikschale inklusive Füße und Kopf mit einem bisschen Salat überreicht. Ich setze mich vor das Restaurant und verschlinge das Meerschweinchen, obwohl es wirklich zäh ist.

Danach gehe ich zum Obstmarkt von Puno, der sich am Hafen befindet. Einige Marktfrauen können sich noch an mich erinnern, da ich hier schon vor einigen Tagen Obst gesammelt habe. Nun erzähle ich allen von der Sackgasse Bolivien und den fast 40 Stunden ohne Essen. Keine einzige Marktfrau zögert, mir etwas von ihrem Obst zu geben. Ich gehe mit einem Pappkarton von Verkäuferin zu Verkäuferin. Die Geschichte spricht sich herum, deshalb muss ich bald gar nichts mehr sagen und bekomme Bananen, Tomaten, Äpfel, Kartoffeln, Zwiebeln und Birnen überreicht. Alles sammelt sich im Karton. Nach vielleicht gerade mal einer Stunde habe ich alle Marktstände abgeklappert und den großen Karton gefüllt.

Das Obst und das Gemüse würden mich wahrscheinlich fast eine Woche versorgen, wenn ich einen Kühlschrank hätte, aber nach Süden komme ich damit nicht. Deshalb gehe ich zum Busbahnhof und verkaufe jedes Stück Obst an Einheimische und Reisende, die gerade in Puno ankommen oder abfahren.

Nach kurzer Zeit habe ich fast alles verkauft und 17 Dollar verdient. Mit diesem Geld bekomme ich ein Busticket nach Arica, Chiles nördlichste Stadt. Nach dem Inka Trail, dem Desaster von Machu Picchu, dem Wohnungsbrand in Cusco und den fast 40 Stunden ohne Essen ist eins klar: Ab jetzt kann es nur besser werden.

14

Der Mann ohne Gesicht
Chile

Am Busbahnhof der Wüstenstadt Arica holt mich die Tante einer chilenischen Freundin ab. Sie hat im zweiten Stock ihres Hauses ein unbewohntes Apartment, das ich benutzen darf. Morgens bekomme ich ein großartiges Frühstück, abends werde ich mit Steaks und anderen Leckereien gefüttert, sodass sich der Gewichtsverlust der vergangenen beiden Wochen wieder etwas ausgleicht. Ich schlafe beide Nächte zwölf Stunden durch, was ich seit Monaten nicht mehr geschafft habe. Meine Wäsche wird gewaschen, und zur Weiterreise steht die Tante mit einer riesigen Tüte voller Lebensmittel und Getränke vor mir. Es sind 48 Stunden Wellness. Leider kann ich nicht länger bleiben, da ich nur noch zwölf Tage bis nach Ushuaia in Feuerland habe. La Paz und die Ehrenrunde durch Puno haben mich unglaublich viel Zeit gekostet.

Ich stelle mich mit einem großen Pappschild, auf dem »SUR«, also »Süden«, steht, an den Straßenrand am Ortsausgang von Arica. Um mich herum befinden sich riesige Sanddünen. Das Trampen läuft ab hier gut. Ich warte nie länger als dreißig Minuten auf eine neue Mitfahrgelegenheit. Sergio, ein LKW-Fahrer, nimmt mich durch die Atacamawüste mit. Sie gilt als trockenste Wüste der Welt. Insgesamt fällt hier gerade mal ein Fünfzigstel der Regenmenge, die im äußerst trockenen Death Valley in den USA fällt. Der Grund dafür ist, dass Ostwinde vom Kontinent trockene Luft mit sich bringen. Im Westen liegt zwar der Pazifik, aber durch den äußerst kühlen Humboldtstrom sind auch die Winde aus dieser Richtung meistens niederschlagsfrei. Die Temperaturschwankungen in dieser Wüste sind ebenfalls extrem. Tagestemperaturen um 30 Grad Celsius und Nachttemperaturen um −15 Grad Celsius sind keine Seltenheit. Ich bin froh, die gesamte Wüste mit Sergio durchqueren zu können und nicht nachts in einem Zelt liegen zu müssen.

Sergio erzählt mir während der Fahrt Geschichten aus seinem Leben. Er hat zwei Familien, eine im Norden in Arica und eine in der Hauptstadt Santiago de Chile, die 2000 Kilometer südlich liegt. Er lacht, dass es doch mehr als verständlich sei, wenn ein LKW-Fahrer auf seiner Route zwischen Norden und Süden in beiden Landesteilen eine Familie haben wolle. Weitere Themen der nächsten 1000 Kilometer sind große blonde Frauen in Deutschland, Frauen in Brasilien, Zigarettenpreise in Deutschland und natürlich deutsche Biersorten im Vergleich zu chilenischen. Während der zehnstündigen Fahrt ziehen an uns riesige Sanddünen vorbei. Die Wüste scheint endlos zu sein. Nach Sergio werde ich noch von weiteren Truck-, Bulli- und Autofahrern bis nach

Santiago de Chile mitgenommen. Ich habe in gerade mal 30 Stunden über 2000 Kilometer zurückgelegt und dabei sogar noch genug geschlafen.

In Santiago herrscht ein gemäßigtes Klima. Es ist Frühling, und die Leute flanieren durch die Straßen der Innenstadt. Mir bleibt nur wenig Zeit für Sightseeing, ich bin im Zentrum mit Reinhard verabredet. Er ist einer der Manager von Antarctic Dream, der Reederei und Touristikagentur, die mich kostenlos mit in die Antarktis nehmen will. Reinhard erklärt mir meine Position auf dem Schiff. Ich werde während der zehn Tage in der Antarktis der Assistent des Expeditionsleiters sein. Antarctic Dream bietet Luxuskreuzfahrten mit einem Eisbrecher an; eine Passage kostet eine fünfstellige Summe. Deshalb sagt er mir eindringlich, dass ich meinen Job ernst nehmen müsse. Viele der Touristen sind Millionäre aus den USA oder Europa, die einen äußerst professionellen Service erwarten.

Am selben Tag reise ich mit einem Minibus von Santiago zur über 1000 Kilometer entfernten argentinischen Hauptstadt Buenos Aires weiter. In dem großen Essenspaket der Tante meiner Freundin im Norden Chiles hatte sich ein Umschlag mit 25 000 Pesos versteckt, fast 50 Dollar. 30 Dollar davon investiere ich nun in den Minibus. Ich hätte auch genug Geld für einen Überlandbus, möchte aber sparen. Wie sich später herausstellt, ist das ein großer Fehler. Der Fahrer des Minibusses ist schon unfreundlich, als ich einsteige. Wir fahren über Pässe, die 4000 Meter hoch sind. Den Anblick der schneebedeckten

Landschaft kann ich leider nur wenig genießen, da sich der Fahrer als Hochandenrambo entpuppt: Geschwindigkeitsbegrenzungen existieren für ihn nicht, Linkskurven befährt er fast ausschließlich auf der linken Fahrbahnseite, um den Weg ein paar Meter abzukürzen. Ich sitze genau hinter ihm und halte den Tachometer genau im Auge. In ruhigem Ton erkläre ich ihm, dass er 50 Stundenkilometer über dem Limit fahre: »Senior, hay 70 y no 120 kilometros, por favor!« Sofort beginnt er, wild zu schimpfen, dreht sich um, fuchtelt mit den Armen in der Luft herum und lässt sekundenlang das Lenkrad los. Danach herrscht Stille. Der alte Mann rechts neben dem Fahrer schaut ihn genauso geschockt an wie ich, aber wir sagen nichts.

Als Rache für meinen Protest wirft der Fahrer eine Kassette ein, stellt auf volle Lautstärke und quält uns mit Elton John, Meat Loaf und Chris de Burgh. Kurz vor einer Linkskurve an einem steilen Hang setzt er erneut zu einem Überholmanöver an. Als wir gerade neben einem Bus sind, kommt uns ein Auto entgegen. Die Insassen winken uns wild zu, der Fahrer betätigt die Lichthupe und weicht so weit aus, wie es geht. Wir passen haarscharf an ihnen vorbei. Im Hintergrund höre ich noch das Auto wild hupen. Mir brennt die Sicherung durch. Ich schreie ihn an, er schreit zurück: »Chile no Alemania, Chile aqui, no Alemania!«, und will mir damit klarmachen, dass hier chilenische und nicht deutsche Regeln gelten. Das ist mir egal, ich schieße die schlimmste Beleidigung heraus, die mein spanischer Wortschatz in der

Eile hergibt, und beschimpfe ihn als Mann ohne Gehirn, »hombre sin cara«. Der Fahrer dreht sich zu mir um und deutet mit der Faust eine Schlägerei an. Der alte Mann auf dem Beifahrersitz versucht, ihn zu beruhigen, und zieht ihn zurück nach vorn. Danach herrscht wieder Ruhe im Minibus. Kurz darauf läuft »Cheri Cheri Lady« von Modern Talking, natürlich in maximaler Lautstärke. Ich sammele mich und überlege, was ich tun soll. Aussteigen ist mitten in den Anden schlecht möglich, da ich nicht weiß, ob mich hier im Nirgendwo andere Autos mitnehmen. Weitere 800 Kilometer nach Buenos Aires mit diesem Typen zu fahren ist aber auch keine Option, da es gefährlich wäre, zum einen wegen des Unfallrisikos, zum anderen wegen des Risikos einer Schlägerei mit ihm.

Kurze Zeit später hält er für eine Toilettenpause an einem Parkplatz an. Ich springe samt meines Gepäcks hinaus und erzähle einem anderen Minibusfahrer, dass ich gerade mit einem Verrückten gefahren bin, und bitte ihn, mich mitzunehmen. In diesem Augenblick taucht der Fahrer schreiend auf und droht mir Schläge an. Der Fahrer des anderen Minibusses schiebt sich schnell in die Mitte und hält ihn zurück. Der verrückte Fahrer brüllt, ich solle nach Deutschland zurückgehen. Das lasse ich nicht auf mir sitzen und werfe ihm wieder an den Kopf, dass er ein Mann ohne Gehirn sei. Inzwischen haben sich zahlreiche andere Passagiere um uns herum versammelt – und fangen an zu lachen. In der Eile habe ich die Vokabeln verwechselt und ihn als »Mann ohne Gesicht«

beschimpft statt als »Mann ohne Gehirn«. Ich höre einen Jungen ironisch sagen, dass er auch nicht mit einem Mann ohne Gesicht nach Argentinien fahren würde. Andere stimmen ihm schmunzelnd zu. Es entsteht eine angeregte Diskussion über Gesichter.

Auf jeden Fall ist dem dazugeholten Fahrer der Ernst der Situation klar. Er verschwindet kurz mit »dem Fahrer ohne Gesicht«, kommt kurz darauf zurück und bietet mir einen Platz in seinem Minibus an. Ich sehe noch, wie er sich Geld einsteckt, das er gerade von meinem ehemaligen Fahrer bekommen hat. Ich bin erleichtert, dass mein Aufruhr etwas gebracht hat. Im Minibus Nummer zwei fahren wir in Normalgeschwindigkeit durch die Anden nach Argentinien – in das letzte Land der Reise.

15

Sex and Drugs
and Krümelmonster
Buenos Aires–Feuerland

Buenos Aires haut mich um. Ich wollte immer schon mal hierher, und alles Gute, was ich bislang über die Stadt gelesen und gehört habe, bestätigt sich auf den ersten Blick: Großartige Häuserfronten in der aufwendigen Architektur des 19. und 20. Jahrhunderts, die es locker mit Paris, Madrid oder Rom aufnehmen können, prägen das Stadtbild. Besonders Paris scheint als Vorbild gedient zu haben. Der Friedhof des Stadtviertels Recoleta, mit seinen Grabmälern, Mausoleen und Straßen, erinnert mich an den berühmten Pariser Friedhof Père Lachaise. Die argentinische Legende und ehemalige First Lady Evita Perón liegt hier begraben. Die Plaza de Mayo mit dem Obelisken als Wahrzeichen in der Mitte und die Avenida 25 de Mayo mit ihren Prachtbauten aus dem frühen 20. Jahrhundert ähneln Boulevards der Pariser Innenstadt. Buenos Aires kommt mir sehr europäisch vor, aber einen Hauch New York gibt es auch, da mir die Stadt mit ihren über zehn Millionen Einwohnern einfach noch größer und imposanter als die europäischen Metropolen erscheint. Ich sehe in den fünf Tagen meines Aufenthaltes kein einziges unverputztes oder unfertiges Haus. Selbst die Armut, die es bestimmt auch hier gibt, ist nicht sichtbar. In der ganzen Zeit sehe ich nur einen einzigen Bettler. Dagegen flanieren die Porteños, wie die Einwohner heißen, entlang den Avenidas, sie spazieren durch die Parks und sitzen in den vielen Cafés der Stadt. Straßenhändler, wie sie in Peru und Bolivien das Stadtbild prägen, sind nicht mehr zu sehen. In Buenos Aires scheint Geld zu sein, sogar richtig viel Geld. Ich bin nur 1000 Kilometer Luftlinie von La Paz entfernt und komme mir vor wie in einer anderen Welt.

Abends bestätigt sich mein Eindruck, dass die Alltagskultur von italienischen und spanischen Einwanderern geprägt sein muss. Zum ersten Mal seit vielen Wochen werde ich wieder Couchsurfer. Noelia und ihr Freund Roberto lassen mich drei Tage bei sich schlafen. Sie sind beide 31, arbeiten in einer Werbeagentur, sind sehr elegant gekleidet und wohnen in einer Designerwohnung. Sie erzählen mir, dass die meisten Vorfahren der Argentinier aus Italien und Spanien stammen. Der italienische Einfluss ist auch in der Sprache deutlich erkennbar. Man spricht hier zwar Spanisch wie in den meisten lateinamerikanischen Ländern, aber die Aussprache ist italienisch geprägt. Auch den Tagesrhythmus haben Italiener und Spanier geprägt. Noelia und Roberto sind da wohl ganz typisch: Sie bieten mir sehr herzlich Abendessen an, was es aber immer erst um 23 Uhr gibt, danach stürzen sie sich auch unter der Woche ins Nachtleben von Buenos Aires. Ich bin dankbar für die Gastfreundschaft und revanchiere mich wieder mit Toilettenputzen, wie ich es schon bei der Tante in Chile getan habe. Auf Ausgehen habe ich aber keine Lust. Ich bin von der Reise erschöpft und habe Peru, Bolivien und Chile noch nicht richtig verarbeitet. Am liebsten würde ich um zehn Uhr ins Bett gehen. Aber die beiden bestehen darauf, dass wir zusammen ausgehen, damit ich die Stadt kennenlerne, sodass wir dienstags um zwei, mittwochs um drei und donnerstags gegen Mitternacht ins Bett gehen. Ich fühle mich alle drei Tage schuldig, da ich den beiden gerne mehr als einen müden Rucksackreisenden ohne Geld bieten möchte. Aber meine Energie ist aufgebraucht. Auch auf meiner nächsten Couchstation geht es so weiter. Micaela, Raphaela und Antonella (übrigens ein typisch italienischer Name) sind ebenfalls Anfang 30, wohnen im angesagten Szeneviertel Palermo und bieten mir das Sofa in ihrem Wohnzimmer an. Ich ahne Schlimmes – nicht zu Unrecht. Es ist Wochenende, sie wollen Party machen, und zwar zu Hause. Um Mitternacht bebt das ganze Wohnzimmer, da sich 40 Freunde mit viel Alkohol und Musik eingefunden haben. Fast alle sind betrunken und singen lauthals die Lieder der Karaokemaschine mit. Ich kann mich kaum noch wach halten, trinke Cola und Matetee in rauen Mengen, damit ich nicht auf dem Fußboden einschlafe und die Menge belästige. Aber es hilft nichts. Um zwei Uhr ist einfach Sense. Ich erkläre Micaela, dass ich mich in ihr Bett zum Schlafen lege. Sie fängt lauthals an zu lachen und kann es nicht fassen. Die nächsten Stunden verbringe ich dösend im Nachbarzimmer, denn die Bässe sind so laut, dass mein Körper vibriert. Das Dösen hat ein vorzeitiges Ende, als um vier in der Früh eine total betrunkene Polonesegruppe durch das Schlafzimmer zieht. Ich bin wohl eine Kuriosität und werde reichlich mit Getränkeangeboten überhäuft, während ich mich aufrichte. Um sechs ist dann endlich Schluss, und ich kann im Wohnzimmer ausschlafen.

Der nächste Abend ist ein Samstag und natürlich: Partytag! Dieser Samstag ist sogar ein ganz spezieller Partytag, da Halloween ist und Micaela und Raphaela sich für diese Nacht als Monster schminken. Nach dem Abendessen um 23 Uhr ziehen wir zu einer Privatparty in das Haus eines Freundes. Keins meiner Argumente, warum es besser wäre, wenn ich zu Hause bliebe, wurde als stichhaltig akzeptiert. Micaela und Raphaela wollen mit ihrem Couchsurfinggast definitiv Halloween feiern – ohne Widerrede! So halte ich mich bis um acht Uhr morgens mit einem langen Bart und weißer Farbe im Gesicht auf der Halloweenparty auf. Bestimmt 150 Leute feiern ausgelassen und fantasievoll verkleidet. Ab vier Uhr morgens schlafe ich auf einer Couch mitten auf der Party ein, bis ich um acht Uhr von Raphaela und Micaela mit nach Hause genommen werde. Am nächsten Tag verabschieden sie mich trotzdem herzlich – und mit ein paar kleinen Witzen auf meine Kosten.

Neben den fünf Abenden und Nächten in Buenos Aires gibt es natürlich auch noch fünf lange Tage, die ich damit verbringe, mir Essen und Weiterreise Richtung Feuerland zu verdienen. Zum dritten Mal auf dieser Reise spüre ich die Verlockung, meine Kreditkarte zu benutzen. Es ist dieses Gefühl von »Ach komm, einmal ist doch keinmal. Du hast es dir echt verdient!« Ich sitze im Stadtteil San Telmo auf einer Bank, und als ich meinen Reisepass und Versicherungspapiere aus dem Brustbeutel hole, gerät die Kreditkarte in meine Hände. Sie würde alles so einfach machen. Schwups, durch die Kasse, und ich düse ab Richtung Süden. Das gleiche Gefühl kam in La Paz auf, wo ich die Karte wirklich gebraucht hätte. Dort aber gab es überhaupt kein Geschäft in der Nähe des Busbahnhofes, das Kreditkarten angenommen hätte. Wahrscheinlich hat mich diese Tatsache auch vor dem Nachgeben der Versuchung bewahrt. Wenn Marktschreier gerufen hätten »Frische Steaks für Kreditkartenzahlung!« – ich weiß wirklich nicht, was passiert wäre. Die erste Versuchung gab es in Los Angeles/Santa Monica, als ich verzweifelt versuchte, Strandbesuchern den Rücken einzucremen, um das Geld für die Mitfahrzentrale zusammenzukriegen. Jedes Mal tauchte das Teufelchen in meinem Kopf auf, das sagte: »Kreditkarte, Kreditkarte, Kreditkarte!« Aber zum Glück gab es auch noch neben dem Teufelchen ein Engelchen, das dagegengehalten hat: »Tu es nicht, du Flasche!« Auch heute setzt sich zum Glück das Engelchen durch.

Ich entscheide mich aber, nicht nach Feuerland zu trampen, da ich dafür keine Energie mehr habe. Deshalb packe ich meinen Kumpel aus dem Rucksack, der schon seit meiner Abreise in Berlin dort verweilt. Er heißt Ümit und ist eine flauschige hellblaue Handpuppe mit großen Augen und einem großen Mund. Sein Zwillingsbruder heißt Krümelmonster und tritt regelmäßig in der Sesamstraße auf. Ümit und ich ziehen durch Buenos Aires auf der Suche nach Passanten, besonders Touristen. Ich halte mich diskret im Hintergrund, während Ümit die Passanten höflich anspricht: »Excuse me, I need to disturb you for a minute to tell you how my friend Micha and me have been travelling for more than four months around the world – without money!« Da Ümit ohne meine Hilfe nicht sprechen kann und ich als Bauchredner genauso unbegabt bin wie als Sänger, Jongleur oder Kontrabassspieler, trage ich einen Umhängevollbart, wie man ihn von der Metalband ZZ Top her kennt. Der Bart ist so lang und dick, dass er meinen Mund vollständig bedeckt, sodass die Mundbewegungen für den Passanten unsichtbar bleiben. Man nennt so jemanden wie mich auch »einen ganz schlechten Bauchredner«.

Auf jeden Fall bekommt Ümit Gehör, gerade von Touristen. Viele Leute lachen erst mal laut und hören dann zu, wie er von der Reise erzählt. Meistens gibt es nach dieser Ansprache von Ümit einen Peso, also 30 Cent. Einige Touristen geben aber auch gleich fünf Pesos. Die Einheimischen tun sich etwas schwerer mit Ümit, da sie ihn schlecht verstehen. Einige Leute gehen wortlos weiter und lassen Ümit einfach auf der Straße stehen. Aber die Mehrheit ist doch interessiert: Wie ist es Ümit auf der Reise ergangen? War es mal langweilig? Hatte er Hunger? Und freut er sich auf sein Zuhause? Vor allem aber wollen sie etwas über seinen Zwillingsbruder wissen, das Krümelmonster. Damit kann Ümit dienen. Er redet davon, wie sie schon als Kinder oftmals verwechselt wurden und wie sie versucht haben, sich optisch voneinander abzusetzen – bis sein Zwillingsbruder von der Sesamstraße entdeckt wurde. Er erlangte Weltruhm, reiste viel und wurde überall erkannt. Aber wurde er auch glücklich? Ümit erzählt einem französischen Pärchen auf der Plaza de San Telmo, wie sein Bruder immer häufiger betrunken war und Frauen mit nach Hause brachte, die es nur auf sein Geld und seine Berühmtheit abgesehen hatten. Eines Tages wurde das Krümelmonster spielsüchtig und musste zum Psychotherapeuten. Das französische Touristenpärchen versteht nicht alle Details, kann sich vor Lachen aber kaum noch halten. Finanziell kommt die Geschichte unserer Reise bei den Einheimischen besser an, die Drogen-, Trink- und Absturzgeschichte besser bei Amerikanern. Eine Gruppe von Studenten aus Ohio kann gar nicht genug vom skandalösen Leben des Krümelmonsters bekommen. Sie fragen immer weiter nach: »Did the cookie monster think about suicide? Was it depressed? How many girls did it sleep with? Did you ever meet its famous friends from the show?« Ümit hält nicht viel von Diskretion und erzählt deshalb alle privaten Geschichten vom Krümelmonster, während ich mit dem Umhängevollbart hinter ihm stehe und auf den Boden schaue. Die Studenten aus Ohio geben Ümit insgesamt 50 Pesos als Dankeschön für die indiskreten Details über seinen berühmten Zwillingsbruder.

Am fünften Tag meines Buenos-Aires-Aufenthalts spielt der weltbekannte Fußballclub La Boca gegen Chacarita. Es ist ein Heimspiel im gleichnamigen Stadtteil La Boca. Dieser Fußballclub bedeutet in Argentinien und sogar in ganz Südamerika ungefähr so viel wie Real Madrid in Spanien und Europa. Diego Maradona hat hier einst gespielt. Die Schlangen vor dem Stadion sind lang, und ich höre überall, dass ich früh genug hingehen soll, bevor es ausverkauft ist. Ich bin mir nicht sicher, wie ein Fußballstadion an einem Donnerstag um drei ausverkauft sein kann, aber in Argentinien ist das wohl keine Seltenheit. Ümit und ich haben natürlich kein Geld für den Eintritt. Als wir am Stadioneingang ankommen, schaut sich der Kartenkontrolleur mehrfach um, um nach einer versteckten Kamera zu suchen, lacht und lässt uns rein. Ich kann es kaum fassen, gehe mit Ümit noch einmal zurück, und wir machen sogar noch zu dritt ein Foto vom äußerst glücklichen Kartenkontrolleur, der wohl denkt, dass er zum ersten Mal im argentinischen Fernsehen gelandet ist. Im Stadion ist die Stimmung grandios. Vor Spielbeginn schreien sich die Fans von Chacarita und La Boca mit den übelsten Beschimpfungen über ihre Mütter an. Dieser Schreiwettkampf wird immer wieder durch laute Werbung aus den Lautsprechern unterbrochen. Sobald sie eine Pause macht, geht es von den gegenüberliegenden Rängen sofort weiter: »Tu madre es una perra, una puta …«

Das Spiel endet zugunsten von La Boca: ein klares 3:0. Um uns herum bricht leidenschaftlicher Jubel aus, die Fans springen regelrecht über die Ränge, tanzen und liegen sich in den Armen. Neben mir springt Gustavo hoch. Ich komme mit ihm kurz ins Gespräch, weil er es ungewöhnlich findet, dass jemand mit einem Krümelmonster Fußball schaut. Gustavo erzählt mir, dass Geld für ihn nur Mittel zum Zweck sei, um seinen Fußballclub La Boca zu sehen. Er zahlt 1000 Pesos für die Jahreskarte und wäre sogar bereit, 5000 oder 10 000 Pesos dafür zu zahlen. Und wenn er kein Geld hätte, würde er sich ins Stadion schleichen – so wie Ümit.

Mit dem Geld, das Ümit verdient hat, etwa 50 Euro, kaufe ich mir ein Busticket. Bis nach Ushuaia sind es knapp 3500 Kilometer. Das Geld würde bis dorthin reichen. Ich habe noch vier Tage bis zur Abfahrt des Schiffes Zeit und möchte noch gern Patagonien und Feuerland sehen. Deshalb entscheide ich mich für ein kleines Risiko: Ich nehme den Bus ins 2500 Kilometer entfernte El Calafate. Von dort aus plane ich dann mit einer kleinen Handkasse durch Patagonien und Feuerland zu trampen.

Fast 30 Stunden sitze und schlafe ich im Bus, sogar Essen ist im Preis inbegriffen, womit ich gar nicht gerechnet habe. El Calafate ist ein Bergstädtchen, das sehr schön hergerichtet wurde. Wegen des nahe liegenden Perito-Moreno-Gletschers, der mehr als 60 Kilometer lang ist, gilt der Ort als eines der Touristenzentren Patagoniens.

Von hier aus will ich weitertrampen. Während in Buenos Aires noch vor drei Tagen schwülwarme 32 Grad Celsius herrschten, sind es hier gerade mal fünf Grad Celsius. El Calafate liegt mitten in den

Anden und schon so weit südlich, dass der Frühling (Anfang November) sich klirrend kalt zeigt. Hinter mir ragen schneebedeckte Berggipfel in den Himmel. Bis zu den Andenmassiven erstrecken sich braune Felder und Steppen, einen türkisblauen See sehe ich auch. Der schöne Anblick ist mir in diesem Moment aber schnurz. Meine Hände tun mir schon nach wenigen Minuten weh, weil es so kalt ist. Ich hänge mir das Pappschild, auf das ich mein Ziel geschrieben habe, vor die Brust und stecke die Hände in die Tasche. Zur Kälte kommt noch erschwerend die Sonne hinzu. Eigentlich sollte man meinen, dass die Sonne meine Situation gerade verbessert, aber nicht auf der Südhalbkugel unserer Erde. Seit den Achtzigerjahren wird das Ozonloch immer größer, und das ist besonders im Oktober/November zu spüren: also jetzt. Deshalb wird man in fast jedem Reiseführer davor gewarnt, sich in diesen Monaten zu lange in der Sonne aufzuhalten. Leider habe ich keine Wahl, ich muss ein Auto oder einen Truck finden, und das dauert Stunden, um genau zu sein fast fünf Stunden.

Ein Busfahrer hält auf mein Handzeichen an und nimmt mich kostenlos die fast sechsstündige Fahrt bis nach Rio Grande auf Feuerland mit. Auf der Fahrt bin ich der einzige Passagier, sodass ich dann doch mal nachfrage, was hier überhaupt los ist. Der Bus wird gerade zu einem Hotel überführt, erfahre ich. Der Bus ist nagelneu, und ich bin der allererste Fahrgast.

In Rio Grande angekommen, suche ich mir als

Erstes ein billiges Hostel. Draußen herrschen Minusgrade. Trotz meiner Erschöpfung kann ich kaum schlafen. Mir geht die ganze Nacht der Gedanke durch den Kopf, dass ich morgen schon in Ushuaia sein kann. Ein Straßenschild in Rio Grande hat gerade mal 220 Kilometer bis dorthin angezeigt. Sollte ich morgen das letzte Stück schaffen, bin ich fast zwei Tage vor meiner Deadline am Hafen und bekomme auf jeden Fall das Schiff. Ziemlich übermüdet und wohl voller Adrenalin stehe ich am nächsten Morgen mit meinem Schild wieder am Straßenrand. Zwei Stunden vergehen, bis Marcello in seinem Pick-up-Truck anhält. Er sagt das Zauberwort: USHUAIA!! Die Landschaft ändert sich von braunen Feldern zu verschneiten Bergen. Wir fahren durch neuen Pulverschnee, romantisch anmutende Bergseen liegen zwischen den Berggipfeln und der Straße; sie sind nun größtenteils von Tannenwald umgeben.

Marcello kommt aus Mendoza, einer Stadt im Nordwesten Argentiniens, die für ihre Weinanbaugebiete und ihr angenehmes Klima bekannt ist. Doch ihn hat es ins eiskalte Feuerland 3000 Kilometer weiter südlich verschlagen, weil es hier mehr Jobs und höhere Löhne gibt. Der Tourismus trägt wohl dazu bei, aber hauptsächlich hilft der Staat nach, denn er lockt Firmen und Arbeitnehmer mit großen Steuervorteilen hierher. Dadurch hat sich Feuerland mittlerweile zu Argentiniens Zentrum für Firmen entwickelt, die mit elektronischen Produkten handeln. Marcello ist kürzlich 40 geworden, und ihm geht es finanziell richtig gut. Zwar fehlen ihm seine Verwandten und Freunde aus Mendoza, aber er würde dort niemals so viel Geld verdienen wie hier. Er sagt, dass er ein gesundes soziales Leben gegen Geld eingetauscht habe. Das größte Problem sei, dass es hier keine alleinstehenden Frauen gebe.

Am 7. November um halb zwei ist es dann endlich so weit: Marcello und ich kurven durch die Bergstraßen nach Ushuaia rein. Aber meine Euphorie kann ich leider mit niemandem teilen. Auch Marcello versteht sie wohl nicht so ganz, als ich den Wagen äußerst glücklich verlasse. Er ruft noch hinter mir her, dass ich die Stripclubs im Ort von ihm grüßen soll. Aber nackte Frauen sind gerade das Letzte, woran ich denke.

In Ushuaia leben 60 000 Menschen. Die Winter sind mit bis zu –20 Grad äußerst kalt, und selbst die Sommer schaffen es gerade mal auf 15 Grad. Ich sehe in Ushuaia viele Touristen, die wohl hauptsächlich durch den Superlativ angezogen werden, dass dies (zusammen mit einer chilenischen Stadt) die südlichste Stadt der Erde ist. An vielen Straßenecken sehe ich Werbeschilder mit »Fin del mundo«, also Ende der Welt. Zur Antarktis sind es von hier aus weniger als 1000 Kilometer.

Nach einer Weile finde ich das Büro von Antarctic Dream. Dort werde ich herzlich von Sabina, einer Angestellten, mit der ich unzählige E-Mails ausgetauscht habe, begrüßt; sie ist überrascht, dass ich es wirklich bis hierher geschafft habe. Sie führt mich zu einer firmeneigenen Ferienwohnung, wo ich die nächsten zwei Nächte schlafe und meine Vorräte aus Buenos Aires sparsam aufbrauche.

An meinem freien Tag in Ushuaia versuche ich, noch ein weiteres Highlight zu sehen. In der Nähe von Ushuaia fährt ein Touristenzug mit dem klangvollen Namen »El tren del fin del mundo!«. Es ist der Zug am Ende der Welt. Eine alte Dampflok zieht drei Waggons durch die schöne Landschaft von Feuerland. Der Preis für die Fahrkarte ist mit über 20 Dollar für eine wenige Kilometer lange Strecke richtig gesalzen und von mir natürlich nicht finanzierbar. Deshalb schleiche ich mich in den Zug und verstecke mich, bis der Kartenkontrolleur vorbeikommt. Ein älteres Touristenpärchen aus Argentinien sieht mich unter einem Sitz kauern. Sie lächeln. Ich merke, dass sie mich beim Schaffner nicht verpfeifen würden. Nach zehn Minuten gibt es Entwarnung: Der Kauf des Tickets wird im Zug überhaupt nicht mehr überprüft. So stehe ich auf und genieße die schöne Fahrt durch den Nationalpark. Während ich aus dem Fenster schaue, wird mir klar, wie nah das Ende der Welt ist.

16

Das Ende der Welt
Antarktis

Am 7. November um 16 Uhr beginnt der letzte Teil meiner Reise, der von seiner Intensität, Exklusivität und Schönheit die vergangenen 140 Tage in den Schatten stellt: die Fahrt in die Antarktis!

Der erste Entdecker, der den antarktischen Kreis überquert hat, war James Cook im Jahr 1773. Aber anscheinend hatte Cook es eilig, nach Hawaii zu kommen, den Kontinent betrat er nämlich nicht. Erst am 14. Dezember 1911 erreichte der Norweger Roald Gravning Amundsen als erster Mensch den Südpol, drei Wochen später folgte sein Konkurrent Robert Falcon Scott, der den Rückweg nicht überlebte. Die Tatsache, dass die Erstbegehung gerade mal vor 100 Jahren stattgefunden hat, macht mir klar, wie besonders dieser Ort ist. Die Klima- und Wetterrekorde dieses Kontinents unterstreichen das: Im August erreichen die Durchschnittstemperaturen hier −40 bis −70 Grad Celsius. Selbst im Februar, dem wärmsten Monat der Antarktis, überschreitet das Thermometer nur selten −15 Grad Celsius. Die Antarktis ist auch der windigste Kontinent der Welt. In der Commonwealth-Bucht wurden während einer

Langzeitmessung durchschnittliche Windgeschwindigkeiten von 72 Stundenkilometern mit Höchstwerten von 240 Stundenkilometern gemessen. Und trotz der Schneedecke ist die Antarktis der trockenste aller Kontinente.

Die »Antarctic Dream« ist das Schiff, das mich dorthin bringen soll. Es wurde 1959 in den Niederlanden speziell für Fahrten in die Polarregionen gebaut. Von 1959 bis 2004 diente es der chilenischen Marine, dann wurde es zum Kreuzfahrtschiff für Fahrten in die Antarktis umgebaut. Es gibt 40 Doppelkabinen, sodass maximal 80 Passagiere mitfahren können. Zusätzlich befinden sich 25 Mitarbeiter auf dem Schiff. Auf dem Dach gibt es einen Hubschrauberlandeplatz und sogenannte Zodiacs, Schlauchboote, die per Kran ins Wasser gelassen werden können. Im Vergleich zu dem Containerschiff, das mich von Europa nach Kanada gebracht hat, ist die »Antarctic Dream« mit 83 Metern erheblich kleiner. Dass sie auch erheblich leichter ist, werde ich in den ersten beiden Tagen beim Durchqueren der Drake-Passage zu spüren bekommen. Dabei handelt es sich um die 800 Kilometer lange Meerenge zwischen Südamerika und der Antarktis. Diese Passage wirkt für die von Westen her wehenden Winde wie eine Schleuse.

Wenige Stunden nach Abfahrt aus dem Hafen von Ushuaia gehe ich auf die Brücke, um dem Kapitän Hallo zu sagen. Er warnt mich davor, auf die beiden Seitenflügel der Brücke zu gehen, da sie nicht windgeschützt seien. Natürlich probiere ich das sofort aus: Vom hinteren Teil des rechten Brückenflügels bis zum vorderen Teil sind es knapp fünfzehn Meter. Wie lange brauche ich, um nach vorn zu gelangen? Ich kämpfe mich Schrittchen für Schrittchen durch den Wind, meistens mit einer Hand an der Reling, um nicht weggeblasen zu werden. Nach einigen Metern werde ich umgehauen, dass ich unsanft auf den Metallboden falle. Von da an krieche ich auf allen Vieren bis zum Ziel: 20 Sekunden für 15 Meter. Die Naturgewalten haben hier definitiv die Oberhand.

Am nächsten Morgen wache ich in meiner Kabine auf und fühle mich krank wie selten zuvor. Mein Magen schmerzt unaufhörlich. Das Schiff schwankt bis zu 20 Grad von links nach rechts. Nur zum Vergleich: Steile Bergpässe in den Alpen haben oftmals gerade Steigungen von 10 bis 15 Prozent. 20 Prozent Schwankungen von links nach rechts und wieder nach links in einer halben Minute sind einfach brutal. Ich versuche, mich auf andere Sachen zu konzentrieren, um von dem Schmerz abzulenken. Aber es hilft nichts, ich muss zum Schiffsarzt, der mir zwei Tabletten gegen Seekrankheit gibt. Fünf Minuten später ist die erste Tablette wieder draußen, da ich mit dem Kopf im Klo stecke. Ich nehme die zweite Tablette, die ebenfalls fünf Minuten später das Wasser in meiner Toilette schmückt. Insgesamt muss ich mich an diesem Tag fünfmal übergeben. Rettung kommt durch ein kleines Pflaster, das man sich hinter das Ohr klebt. Die Stoffe in diesem Pflaster helfen dem Körper, die extremen Schwankungen des Bootes nicht mehr als solche wahrzunehmen. Am Abend, bei meinem ersten Essen auf dem Schiff, lerne ich die Passagiere verspätet kennen und erfahre, dass zwei Drittel der Gäste an diesem Tag genau das Gleiche wie ich durchgemacht haben.

Ich bin beeindruckt, was hier geboten wird: Viergängemenüs, erlesene Weine, Klaviermusik und höfliche Kellner, die einem jeden Wunsch erfüllen wollen. Wir sitzen in einem großen, beheizten und mit Liebe zum Detail dekorierten Saal und können auf die tobende See hinausschauen. Ich kann es kaum fassen, dass ich die letzten zehn Tage meiner Reise mit so vielen Köstlichkeiten verwöhnt werde. Was habe ich zwischenzeitlich nicht alles tun müssen, um an Essen zu kommen?

Wenn ich keinen Pflichten nachgehen muss, darf ich auch das Unterhaltungsprogramm nutzen. Ein Fitnesscenter und eine Sauna sind ganztägig benutzbar. Eine Bibliothek mit Büchern und DVDs vertreibt den Passagieren jegliche Langeweile. Zusätzlich werden zweimal täglich Vorträge über die Geschichte und die Gegenwart der Antarktis gehalten. Es fällt mir anfänglich schwer, diese Angebote ohne Schuldgefühl zu nutzen. Ich bin es beispielsweise nicht mehr gewohnt, von einem Büfett so viel zu nehmen, wie ich möchte, ohne mich dabei zu erklären und ausgiebig zu bedanken. Ich erwische mich öfters dabei, wie ich automatisch und unbewusst meinen Teller nur spärlich fülle, um nicht unverschämt zu erscheinen, bis mich Passagiere lächelnd auffordern, mich doch satt zu essen. Eigentlich hätte ich erwartet, dass ich nach den Monaten der Versorgungsengpässe jetzt reinhaue und gleich das ganze Büfett verputze, aber so fühle ich mich überhaupt nicht. Während meiner Streifzüge durch Geschäfte, Cafés und Restaurants war jeder kostenlose Apfel, jedes Wasser oder jedes Brötchen ein riesiges Erfolgserlebnis. Die Streifzüge waren zwar anstrengend und zwischenzeitlich auch frustrierend, aber letztendlich immer spannend.

Am meinem Tisch sitzen Passagiere, die zwischen 25 und 50 Jahre alt sind. Sie kommen aus England, Kanada, den USA, Frankreich und China. Es sind hauptsächlich Leute, die mit dem Rucksack quer durch die Welt reisen und mehr als die ausgetrampelten Pfade sehen möchten. Blake aus den USA erzählt mir, dass er die Antarktisreise angetreten habe, weil es zweifelsohne der am wenigsten besuchte Kontinent der Erde sei. Insgesamt besuchen pro Jahr gerade mal 30 000 Leute diese riesige Fläche, die um einiges größer als Europa ist. Nur 3000 ständige Bewohner hat die Antarktis, hauptsächlich Wissenschaftler, die auf einer der Forschungsstationen leben. Petra, eine Schweizerin, hat diese Kreuzfahrt gebucht, da sie die gewaltigen Eismassen der Antarktis sehen möchte, bevor sie sich durch den Klimawandel verändern. Die Antarktische Halbinsel, also die riesige Landzunge, die von der Antarktis in Richtung Drake-Passage zeigt, ist heute schon betroffen. Der Expeditonsleiter Paulo erzählt mir, dass die »Antarctic Dream« heute schon zwei Wochen früher die Saison eröffne als noch vor fünf Jahren.

Die Temperaturen auf der Antarktischen Halbinsel sind seit 1950 um dramatische drei Grad Celsius angestiegen. Das an der Ostküste liegende Larsen-Eisschelf hat seit Anfang des 20. Jahrhunderts große Teile seiner Fläche verloren. Trotzdem sind die Eismassen in der Antarktis natürlich noch gewaltig: An einigen Stellen ist das Eis 5000 Meter dick. Sie erheben sich also höher als Europas höchster Berg. Insgesamt sind nur 0,4 Prozent des Kontinents eisfrei. Bei der gemessenen Rekordtemperatur von −89,2 Grad Celsius an der Vostok-Station sind diese Extremdaten wohl auch kein Wunder.

Die Passagiere der »Antarctic Dream« zahlen für die zehntägige Reise in einem Doppelzimmer meistens 4000 bis 5000 Dollar pro Person. Wer zur Hauptsaison reist, ein Einzelzimmer oder andere Annehmlichkeiten bucht, zahlt bis zu 15 000 Dollar. Da die Zahl der arbeitenden männlichen Mitarbeiter ungerade ist, habe ich tatsächlich ein solches Einzelzimmer bekommen. Es ist eine große Kajüte mit Bad und Blick auf Eisberge.

Am zweiten Tag der Reise kommt Paulo zu mir: »Have you ever been a waiter?« Ich falle fast vom Stuhl, da Kellnern bei 20 Grad Schwankung der schlimmste Job auf dem ganzen Schiff ist. Ich fürchte, dass ich die Firma blamiere, wenn mich die Passagiere durch den Speisesaal taumeln sehen. Wir machen zwei Versuche: Ich bekomme zwei Tassen mit Kaffee gefüllt, die ich auf einem großen schwarzen Tablett von einer Seite des Speisesaals zur anderen Seite tragen soll, während das Schiff munter von 20 Grad links unten bis 20 Grad rechts unten schwankt. Die Tassen gleiten mir bei beiden Versuchen weit vor dem Ziel vom Tablett. Es scheppert, und die Passagiere schauen sich erschrocken um. Paulo sieht ein, dass ich wohl erst mal keinen direkten Kundenkontakt haben sollte, um den Ruf dieser Kreuzfahrt nicht unnötig zu schädigen. Deshalb verbringe ich Tag zwei und drei im Untergeschoss des Schiffes und sortiere mit Rodrigo Gummistiefel und Polarjacken nach Größen, damit alle Passagiere beim ersten Landgang ordentlich ausgestattet werden können. Leider kommt es beim Austeilen der Stiefel und Jacken zu einem riesigen Durcheinander, sodass viele Gäste mit Beschwerden zu mir zurückkommen, da sie zwei linke Gummistiefel oder einen Stiefel in Größe 43 und den anderen in 37 bekommen haben.

Am vierten Tag der Reise haben wir die Drake-Passage endlich überquert, die Winde haben sich gelegt, und wir legen bei den South-Shetland-Inseln an. Sie sind der Antarktischen Halbinsel vorgelagert, wie im Rest der Antarktis gibt es keine nennenswerte Vegetation, nur Pinguine und Robben leben hier.

Ich stehe am Ausgang des Schiffs, um jeden Passagier, der in ein Schlauchboot für den Landgang möchte, zu bitten, seine Gummistiefel in einem Behälter mit einer Flüssigkeit zu desinfizieren und abzubürsten. Der Grund dafür ist, dass die Tiere der Antarktis Bakterien aus dem Rest der Welt nicht gewohnt sind und enormen Schaden nehmen könnten.

So stehen wir bald zwischen Hunderten oder sogar Tausenden Pinguinen, die teilnahmslos zwischen uns hin und her laufen. Da sie noch nie schlechte Erfahrungen mit Menschen gemacht haben, sehen sie auch uns nicht als Bedrohung. Direkt neben den Pinguinkolonien liegen massenweise Robben faul am Strand herum, die sich um uns genauso wenig scheren wie die Pinguine. Hinter den Pinguin- und Robbenkolonien erheben sich schnee- und eisbedeckte Berge.

Aber leider entwickelt sich dieser Ausflug äußerst schmerzhaft. Als einziger Schiffspassagier habe ich keine speziellen Polarhosen, sondern trage Jeans! Binnen zwanzig Minuten sind meine Beine eiskalt und die Jeans hart gefroren. Paulo kommt zu mir, um mir rote Fähnchen an langen Stöcken in die Hand zu drücken, damit ich sie entlang der Pinguinkolonien aufstelle, um den Touristen zu zeigen, dass sie nicht direkt durch die Kolonien laufen sollen. Er sieht meine Jeans und wird sauer. »How can you go to Antarctica without polar proofed pants?« Ich erkläre ihm, dass ich ohne Geld durch elf Länder gereist bin und einfach kein Geld für Polarhosen hatte. Paulo schüttelt den Kopf, er hat kein Verständnis für meinen minimalistischen Auftritt.

Der nächste Landgang ist auf Deception Island vorgesehen, also auf der Insel der Täuschungen. Sie besteht aus einem aktiven Vulkan, der das ins Meer fließende Wasser so weit aufheizt, dass es möglich ist, darin zu schwimmen. Aber leider macht die Insel der Täuschung ihrem Namen alle Ehre: Unser Kapitän wird so weit getäuscht, dass wir direkt in dickes Packeis hineinfahren. Die zerbrechenden Eisschollen knacken und knarren vor dem Bug des Schiffes, bis plötzlich nichts mehr geht: Die »Antarctic Dream« bleibt im halbmeterdicken Eis stecken. Vorwärts, rückwärts, hin und her, nichts geht. Die Motoren laufen auf Hochtouren, um das Schiff zu bewegen, aber die Naturgewalten sind an diesem Nachmittag einfach stärker. Der Badetag wird durch den Lautsprecher abgeblasen. Dass es so lange dauert, aus dem Packeis wieder herauszumanövrieren, heißt aber auch, dass sich mein lang ersehnter erster Schritt auf das Festland weiter verschiebt. Ich schaue aus den Bullaugen meiner Kabine hinaus und sehe Robben in 30 Metern Entfernung auf dem Packeis liegen. Sie schauen verständnislos auf das festgefahrene Schiff.

Am fünften Tag erreichen wir endlich die Antarktische Halbinsel. Riesige Gletscher von 20 bis 30 Meter Dicke hängen von den steilen Hängen der Küste hinunter. Es ist ein imposanter Anblick, den es wohl nirgendwo anders gibt. Vor der Küste treiben riesige Eisberge durch das Wasser, die wir im Schneckentempo umfahren. Wir fahren durch den Lemaire-Kanal, der gerade mal wenige 100 Meter breit ist und auf beiden Seiten von Bergen eingeschlossen ist. Meine Vorfreude, nach allen Anstrengungen der letzten fünf Monate endlich die Antarktis zu betreten, verwandelt sich in äußerste Euphorie – bis ich Paulo treffe: »Today we'll go with the zodiac boats through the icebergs. But we won't go on land!«

Trotzdem wird der Tag unvergesslich bleiben, da wir in Schlauchbooten unmittelbar zwischen 20 Meter hohen Eisbergen hindurchfahren.

Mittlerweile merke ich, dass meine Arbeitskraft auffällig wenig benötigt wird. Als zusätzliches »Mädchen für alles« werde ich vielleicht gerade mal vier Stunden am Tag gebraucht. Bei anspruchsvollen Arbeiten wie dem Herunterlassen der Schlauchboote empfiehlt mir Paulo fernzubleiben. Er erklärt mir, dass er keine Verantwortung tragen möchte, wenn eine ungelernte Arbeitskraft mit Jeanshose ins Wasser fällt. Lediglich für kleinere Zuarbeiten ruft er mich herbei: Auftanken der Schlauchboote oder Deck schrubben.

Am sechsten Tag der Tour ist es dann endlich so weit: Landgang! Paulo gibt mir seine Ersatzpolarhose, damit dieser Tag nicht unvergesslich in Form von Erfrierungen bleibt, denn die Temperaturen bewegen sich mittlerweile um die −10 bis −15 Grad. Leider verschiebt sich der Landgang aber noch einmal, da Guillermo und Willi, zwei Abenteurer aus Chile, abgesetzt werden. Ihr Plan ist es, die nächsten drei bis vier Monate mit einem Kajak und 350 Kilo Gepäck durch die Antarktis zu fahren. Ein Großteil des Gewichts besteht aus Trockennahrung, sogenanntem Microfood. Aber am 13. November um 14.15 Uhr ist der große Moment gekommen: Ich helfe noch kurz den Passagieren, sich in ihre Schwimmwesten zu quetschen, sie zu desinfizieren, und den älteren unter ihnen, die Schlauchboote zu betreten, bis wir an Land fahren. Meine Aufregung auf den letzten

100 Metern vor der Küste steigert sich wirklich ins Unermessliche. Was ist in den letzten fünf Monaten nicht alles passiert, um hierher ohne einen einzigen Cent zu gelangen? Erinnerungen an die Reise rasen an mir vorbei, doch es bleibt keine Zeit, denn wir legen an. Ich springe über die Seiten des Schlauchbootes auf das dicke Eis und renne 100 Meter euphorisch durch den knietiefen Pulverschnee. Paulo ruft noch hinter mir her, ob ich nun vollständig übergeschnappt sei, was mich aber überhaupt nicht beeindruckt, denn ich habe es geschafft! Um mich herum ragen tief verschneite und gletscherbehangene Berge auf. Auf einem zugefrorenen Gewässer schwimmen riesige Eisberge von 20 bis 50 Metern Durchmesser. Die Sonne scheint, sodass die weiße Landschaft mir hell entgegenstrahlt. Der starke Polarwind wühlt den Pulverschnee auf. Mir geht immer wieder durch den Kopf, dass ich am Ende der Welt bin! Endlich bin ich angekommen. Ich schmeiße mich in den tiefen Schnee und lasse nun die wohl intensivsten fünf Monate meines Lebens in Ruhe an mir vorbeirauschen, während ich in den blauen Himmel schaue:

Elf Länder bereist: Deutschland, Belgien, Kanada, USA, Costa Rica, Panama, Kolumbien, Peru, Bolivien, Chile und Argentinien.

Vier Kontinente besucht: Europa, Nordamerika, Südamerika, Antarktis (der einzige Kontinent ohne Länder!).

13 Jobs erledigt: Butlern bei Harald in Köln und dem Botschafter in Panama, Mädchen für alles auf dem Containerschiff nach Kanada, Werbefilm in Las Vegas erstellt, als Human Sofa in Las Vegas auf der Straße gehockt, als schmieriger Sonnenöleincremer am Strand von Santa Monica gewesen, als Hill Helper Touristen in San Francisco die steilen Hügel hochgeschoben, über 300 Kissenschlachten gemacht, Martin auf Hawaii beim Umzug geholfen, als Gesangsdouble bei der Premiere der Zauberflöte mitgemacht, als erfolgloser Lastenträger Machu Picchu nicht erreicht, Obst in Puno an Touristen weiterverkauft, mit Ümit durch Buenos Aires gezogen und als Paulos Assistent auf der »Antarctic Dream« gearbeitet.

Insgesamt bei über 40 Leuten übernachtet. Zusätzlich in der Scheune der Amish-Gemeinschaft geschlafen, mit Joseph in Albuquerque im Park übernachtet, in den beiden Motels in Las Vegas sechs Tage verbracht, am Waikiki Beach von Honolulu gezeltet, in Panama auf dem Busbahnhof mit Dr. Glück im Hintergrund sitzschlafend verbracht und mit den Machu-Picchu-Trägern in windiger Höhe geschlafen.

Insgesamt in bestimmt 500 Geschäften, Restaurants und Cafés nach Essen gefragt. Das beeindruckendste Erlebnis war das Nobelrestaurant in Honolulu. Das Blumenessen auf Big Island werde ich nie vergessen.

Der Transport war der schwierigste und abwechslungsreichste Teil der Reise: Zwei Schiffe haben

Antarktis 193

mich über den Atlantik und die Drake-Passage gebracht, sieben Flugzeuge haben mich zu zwei Hawaiiinseln, nach Costa Rica, nach Kolumbien und nach Peru geflogen. Eine Kutsche, eine unvergessliche Fahrradtour und eine genauso unvergessliche Wanderung haben mich durch Ohio gebracht. Mit zwei Zügen bin ich gereist und mit über zwanzig Autos und Trucks getrampt.

An Klimazonen habe ich wohl fast alles durchquert, was so im Angebot ist: Polarregion, Wüste, Subtropen, Tropen, gemäßigte Zone und alpine Hochanden.

Insgesamt waren es 35 000 Kilometer in 150 Tagen.

Aber am allerwichtigsten sind die über 100 Menschen, die diese Reise möglich gemacht haben: Ohne den Butlerdienst bei Harald in Köln würde ich jetzt wohl noch am Dom herumhängen. Ohne die Filipinos auf dem Containerschiff würde ich jetzt wohl noch vermuten, dass mein Leben nicht spannend genug ist. Ohne die Amish-Bauern in Ohio wäre ich wohl tragisch am Straßenrand liegen geblieben. Ohne Joseph in Albuquerque hätte ich die Tage auf der Straße wohl nicht so bereichernd und sicher erlebt. Ohne David in Las Vegas hätte ich bei 42 Grad im Schatten nicht das schöne, klimatisierte Hotelzimmer bekommen. Ohne Murphs Vater wäre ich definitiv nicht auf Hawaii gewesen. Ohne Brandon hätte ich nicht gelernt, mich von Blumen zu ernähren. Ohne Dr. Glück auf dem Busbahnhof in Panama wüsste ich jetzt nicht, dass man sich Silikonbizepse einsetzen lassen kann. Ohne Michael Grau wüsste ich nicht, dass deutsche Botschafter so aufgeschlossen und hilfsbereit sein können. Ohne die Familie in Cartagena würde ich es niemals glauben, dass man manchmal nur fünf Minuten und zwanzig Sekunden braucht, um eine kostenlose Unterkunft zu bekommen. Ohne die Machu-Picchu-Träger würde ich jetzt wohl immer noch die 20 Kilo auf dem Rücken tragen. Ohne Hedwig und Cicki wäre ich nie Tretboot auf dem Titicacasee gefahren und wohl auch nicht nach Bolivien gelangt. Ohne die Busgesellschaft in La Paz wäre die ganze Geschichte wahrscheinlich gescheitert. Ohne die »Antarctic Dream« hätte diese Reise wohl kein Ende gehabt, und ohne die vielen netten Verkäufer und Bedienungen wäre es nicht so einfach gewesen, jeden Tag genug Essen zu bekommen. DANKE!

Aber trotz aller Erinnerungen, die mir bei −15 Grad und starken Windböen durch den Kopf gehen, frage ich mich, was ich nun an dem wirklich allerletzten Ende der Welt tun soll. Ich hatte so viele Sachen durchgeplant, bedacht, umgeplant, organisiert und mir ausgemalt, aber eins habe ich vergessen: Was, wenn ich am Ende der Welt bin? Stehen, tanzen, lachen, singen, laufen? Ich erinnere mich, wie ich in Paulos Reiseführer geblättert habe und das Kapitel »Antarktis und Langeweile« gedankenlos überflogen habe.

Mir fällt nur eins ein: mich zu bewegen, da mein

rechter Fuß anfängt einzufrieren. Ich versuche, ihn zu bewegen, aber es klappt nicht mehr. Mein rechter Gummistiefel hat einen Riss, durch den Kälte und Feuchtigkeit gekommen ist. Ich versuche über zehn Minuten alles, um ihn zu reaktivieren, aber es ist einfach unmöglich, bis Paulo mir hilft, zurück zum Schlauchboot zu humpeln. Wir entfernen uns mit dem Schlauchboot von der Antarktis, ich schaue noch ein paarmal mit schmerzverzerrtem Gesicht zurück, da mein ganzer Fuß nun taub ist. So hatte ich mir den ersehnten Landgang nicht vorgestellt. »Tschüss, you fucking Antarctica!«, drängt es aus mir lauthals heraus. Paulo fragt mich erschrocken auf Englisch, ob ich noch alle Tassen im Schrank habe, zuerst eine unerklärlich übertriebene Jubelarie zu starten und jetzt den siebten Kontinent zu beschimpfen.

Zurück auf dem Schiff, taut mein Fuß glücklicherweise wieder auf, sodass ich meinen Frieden mit der Antarktis machen kann. Und das heißt, dass ich mich auch wieder auf Deutschland freue: Meine Jeans gleicht mittlerweile einem Lumpen, sie wird von den Passagieren des Schiffes recht kritisch betrachtet. Schon in Nordamerika ist mir eine Zahnkrone herausgefallen, die dringend in Deutschland wieder ersetzt werden muss, bevor die mittlerweile schmerzende Zahnwurzel total beschädigt ist. Mein Dreitagebart ist seit dem Ausfall meines Rasierers in Peru zu einem dicken Vollbart herangewachsen und wartet auf eine ordentliche Rasur. Meine Ernährung in den letzten 150 Tagen war wohl nicht ganz das, was mir meine Ernährungsberaterin in Berlin mal empfohlen hat: Fast Food, wenig Vitamine, fast nie Vollkornprodukte und relativ viel Zucker in verschiedensten Weißmehlprodukten. Ich freue mich darauf, alle diese Bereiche des Lebens bald wieder irgendwie geordnet zu haben.

Was ich nach Deutschland mitnehme, ist die Erfahrung: Im Leben muss es nicht immer mehr, mehr und noch mehr sein. Das persönliche Glück ist vom Konsum nur teilweise abhängig. Trotz des fehlenden Rasierapparates, zerrissener Hose, Zahnproblemen, Nahrungsschwierigkeiten und totaler Überanstrengung bin ich im Schnitt die letzten fünf Monate nicht unglücklicher als sonst gewesen, sondern im Gegenteil: Viele Annehmlichkeiten, die sonst zu meinem Alltag gehören, hat es einfach nicht gegeben, und ich habe sie auch nicht vermisst. Gerade die Amish, die Filipinos auf dem Containerschiff und die herzliche Familie in Cartagena, Kolumbien, haben mir vorgeführt, dass wenig Besitz nicht wenig Glück bedeutet. Die Formel scheint wohl eher zu lauten: »Lieber geben als nehmen!«

Nicht alles im Leben muss ein Deal sein. »Geben anstatt investieren« ist die andere Formel, die ich mir merken will. Wenn man auch mal etwas gibt, ohne einen Vorteil darin zu sehen oder eine Gegenleistung zu erwarten, öffnet man sich, erfährt Neues und wird reicher. Allein wegen dieser Erkenntnisse möchte ich diese Reise nicht missen.

Rückblickend kann ich Reisebegeisterte nur dazu ermutigen, in entlegene Winkel dieser Erde zu reisen, selbst mit einem unkonventionellen Ansatz, wie ich es getan habe. Eins ist sicher: Das negative Menschenbild, das uns von den Medien vermittelt wird, deckt sich nicht mit der Wirklichkeit. Natürlich gibt es solche und solche Menschen. Aber mit einer gewissen Vorsicht, Menschenkenntnis und Neugier an Menschen und Kulturen begegnet man Menschen, von denen man vieles lernen kann.

Zeitweise bin ich von den Menschen regelrecht wie auf einer Welle weitergetragen worden. Ich habe in den verschiedenen Kulturkreisen unterschiedliche Reaktionen auf den Reisenden, der kein Geld hat, wahrgenommen. In Nordamerika stand bei den meisten Begegnungen mein individueller Ansatz im Vordergrund. Die Menschen haben mich durch ihre Hilfe spüren lassen, wie sehr sie es schätzen, wenn jemand ein individuelles Ziel hat, das erst mal unerreichbar klingt. Vielleicht hat die Geschichte Nordamerikas zu dieser Haltung beigetragen. Europäische Siedler, die in der Neuen Welt ihr Glück versuchten, waren auf sich selbst gestellt. Daher ist es wohl der amerikanischste aller amerikanischen Träume, vom Tellerwäscher zum Millionär aufzusteigen. Ich habe das zwar nicht geschafft, aber ohne einen Cent ans Ende der Welt zu reisen, kommt diesen Träumen zumindest nahe, da es auf den ersten Blick schwer realisierbar klingt.

In Lateinamerika war alles etwas anders. Meine Reiseidee konnte ich nicht so gut verständlich machen wie in Nordamerika – vielleicht auch, weil mein Spanisch schlecht ist. Geholfen haben die Menschen mir, dem Fremden, aber genauso; wahrscheinlich weil sie Geben und Schenken als natürlichen Teil des Lebens sehen. Oder weil viele von ihnen selbst wissen, wie es ist, wenn man nichts hat: wie die Familie in Cartagena, die mich fünf Tage aufgenommen hat, oder die Dame der Busgesellschaft in Panama, die eine ärmliche Kindheit hatte.

Die Menschlichkeit und Hilfsbereitschaft in allen diesen Ländern waren überwältigend.

**Mehr über die Reise
und den Autor im Internet:**
www.michaelwigge.de

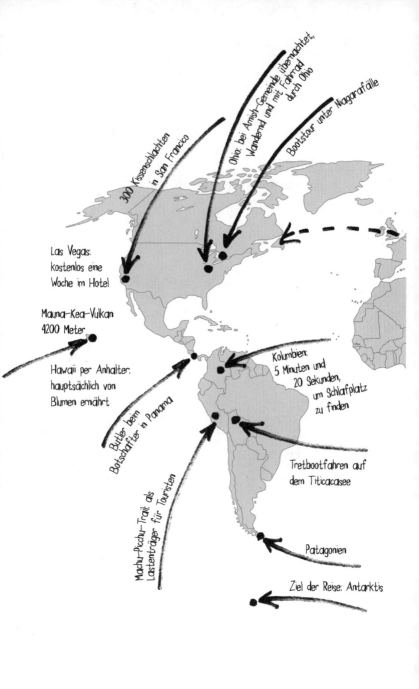

Harro Füllgrabe. Mission: Abenteuer. Als Extremreporter um die Welt. Kiwi 1231

Mit Haien tauchen, sich über zweihundert Meter tiefe Schluchten schwingen, im Eismeer baden – der Pro7-Abenteuerreporter Harro Füllgrabe macht das, was sich fast niemand traut. Seine Reportagen für das Wissensmagazin »Galileo« führen ihn durch Deutschland und durch die ganze Welt – und dabei schont er sich nicht.

»Harro Füllgrabe reist durch die Welt und macht, wovon man in Kindertagen träumt und was man später dann doch lieber lässt.« *FAZ*

www.kiwi-verlag.de

Anke Richter. Was scheren mich die Schafe. Unter
Neuseeländern. Eine Verwandlung. KiWi 1294

Als Anke Richter auf eine Kostümparty mit dem Motto
»Luftschlacht um England« eingeladen wird, ahnt sie: Kiwis
und Kölner – dazwischen liegen Welten. Willkommen in
Neuseeland – dem Land der Schafe, Hobbits und Verkleidungsfanatiker.
Eigentlich wollte die Korrespondentin mal Kriegsreporterin
werden. Jetzt führt sie einen humoristischen Kampf gegen
Goretex-Germanen und unausrottbare Klischees.

»Das Buch ist eine Liebesgeschichte, Beichte, Schmähbrief
und Reiseführer in einem.« *Börsenblatt*

www.kiwi-verlag.de